Manfred Stauner/Ulrike Schnell

Selbst
Fassaden und
Dächer begrünen

Compact Verlag

© 1990 Compact Verlag München
Nachdruck, auch auszugsweise,
nur mit ausdrücklicher Genehmigung
des Verlags gestattet.
Alle Anleitungen wurden
sorgfältig erprobt – eine
Haftung kann dennoch
nicht übernommen werden.
Redaktion: Ingrid Lenz-Aktas
Umschlaggestaltung: Inga Koch
Printed in Germany
ISBN 3-8174-2230-X

Ein Wort zuvor

Selbermachen – ein Hobby, das heute Millionen zur sinnvollen Freizeitbeschäftigung geworden ist. Ob es sich nun um die Wohnung, das Haus oder den Garten handelt, mit etwas Geschick und einer fachmännischen Anleitung lassen sich oft verblüffende und ansprechende Ergebnisse erzielen: bei kleineren Reparaturen ebenso wie beim Renovieren , Verschönern oder bei der Anlage reuer Gestaltungselemente.

Und Heimwerken macht Spaß. Freude an der eigenen Arbeit, deren Ergebnis man Tag für Tag sehen und »bewundern« kann; es spart Geld, mit dem sich langgehegte Wünsche erfüllen lassen, und es macht unabhängig von Handwerkern, auf die man womöglich wochenlang vergeblich gewartet hat.

Fachgeschäfte, Heimwerker- und Baumärkte versorgen den Hobbyhandwerker mit allen Werkzeugen und Materialien, die er braucht. Doch richtiges Werkzeug und Begeisterung allein reichen nicht aus. Unerläßlich sind eine gründliche Vorbereitung und Fachkenntnisse, wie eine Arbeit durchzuführen und was dabei zu beachten ist.

COMPACT PRAXIS **Selbst Fassaden und Dächer begrünen** zeigt Ihnen, wie man's macht. Mit wertvollen Tips und Tricks, die sich in der Praxis tausendfach bewährt haben. Jeder Arbeitsgang w rd ausführlich Schritt für Schritt gezeigt und in Bild und Text erläutert. Übersichtliche Symbole zeigen auf einen Blick, mit welchem Schwierigkeitsgrad, welchem Kraft- und Zeitaufwand Sie bei jedem Arbeitsgang rechnen müssen, welche Werkzeuge Sie brauchen und wieviel Geld Sie durch Ihre eigene Arbeit einsparen können.

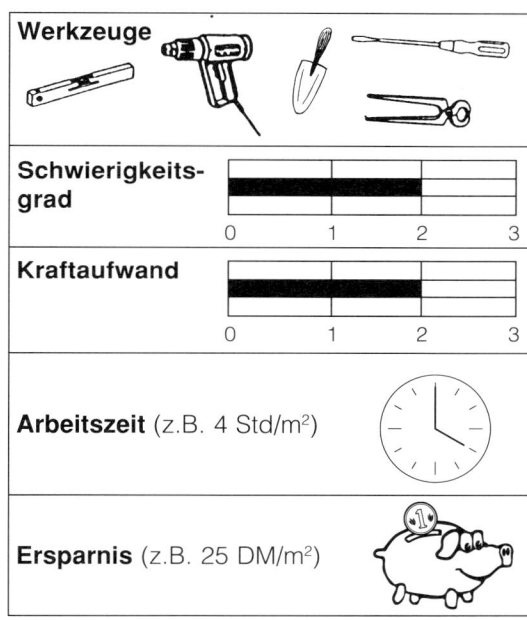

Werkzeuge			
Schwierigkeits-grad	0	1	2	3
Kraftaufwand	0	1	2	3
Arbeitszeit (z.B. 4 Std/m²)			
Ersparnis (z.B. 25 DM/m²)			

Und so stufen Sie sich richtig ein:

Schwierigkeitsgrad 1 – Arbeiten, die auch der Ungeübte ausführen kann. Es ist nur geringes handwerkliches Geschick erforderlich.

Schwierigkeitsgrad 2 – Arbeiten, die einige Übung im Umgang mit Werkzeugen und Material erfordern. Es ist handwerkliches durchschnittliches Geschick notwendig.

Schwierigkeitsgrad 3 – Arbeiten, die fachmännische Übung erfordern. Überdurchschnittliches Geschick ist notwendig.

Kraftaufwand 1 – leichte Arbeit, die jeder bequem erledigen kann.

Kraftaufwand 2 – Arbeiten, die eine gewisse körperliche Kraft voraussetzen.

Kraftaufwand 3 – Arbeiten für kräftige Heimwerker, die keine »Knochenarbeit« scheuen.

Inhaltsverzeichnis

Beispielhafte Dachbegrünung

Extensive Begrünung...

...Standort für bedrohte Arten

Arten der Dachbegrünung

Prinzipiell unterscheidet man zwischen der intensiven und der extensiven Form der Dachbegrünung.

Je nach gewünschter Nutzung und Funktion werden Sie sich für eine der beiden Begrünungsarten entscheiden. Die **Intensivbegrünung** stellt sich als anspruchsvollste Begrünungsform dar. Meist wird sie auf genutzten Dächern in Form von Rasenflächen, Staudenbeeten oder Gehölzpflanzungen angelegt. Intensivbegrünte Flächen sind architektonisch gestaltete Bereiche, eventuell mit Terrassen, Wegen, Sitzgruppen oder Pergolen. Diese Begrünungsform erfordert eine hohe Belastbarkeit des Dachs und einen differenzierten Schichtenaufbau von der Abdichtung bis zur Vegetation. Sie müssen für die Be- und Entwässerung der Grünanlagen ebenso Sorge tragen wie für ihre Düngung; der Pflegeaufwand ist dementsprechend hoch.

Im Rahmen dieses Buchs werden jedoch vorrangig die einfachere Art der Dachbegrünung, die **extensive Form**, sowie die **Mischform** aus intensiver und extensiver Dachbegrünung behandelt. Es handelt sich dabei um flächige Begrünungen mit meist heimischen Stauden und Gräsern, in die punktuell auch Gehölze eingebracht werden können. Hier ist ein relativ einfacher Schichtenaufbau ausreichend; Pflege und Wartung sind dementsprechend einfacher.

Diese Pflanzungen entsprechen in ihrem Charakter dem Vegetationsbild heimischer Trockenrasen, ihr Aussehen ändert sich im Jahresverlauf und mit der Zuwanderung neuer Pflanzenarten ständig. Extensive Begrünungen stellen sich daher als naturnahe Flächen dar, die in Verbindung mit intensiver gestalteten Bereichen bei vertretbarem Aufwand sowohl einen Beitrag zur Ökologie leisten als auch ästhetischen Ansprüchen gerecht werden.

Möglichkeiten der Fassadenbegrünung

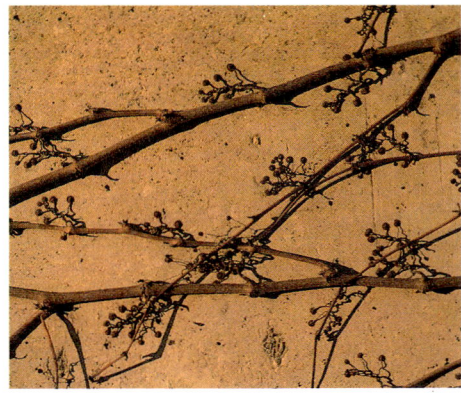

Saugnäpfchen vom Wilden Wein

Meist werden Fassadengrün und Efeu oder Wilder Wein in einem Atemzug genannt. Es gibt jedoch weit mehr Möglichkeiten, vertikale Gebäudeteile zu begrünen als nur mit diesen beiden Selbstklimmern. Grundsätzlich unterscheidet man Begrünungen, die ein Klettergerüst erfordern und solche, bei denen Selbstklimmer Verwendung finden.

Innerhalb dieser Grobeinteilung gibt es verschiedene Lebensformen und Kletterarten der Pflanzen, auf die in der Pflanzenkunde noch näher eingegangen wird. Zur ersten Form gehören außer den eigentlichen Kletterpflanzen (oft irrtümlich Lianen genannt) auch Gehölze wie Obst oder Rosen, die beispielsweise an Spalieren emporwachsen.

Allgemein gilt, daß bei weitem die meisten zur Fassadenbegrünung geeigneten Pflanzen eine Kletterhilfe benötigen.

Obstspalier

Die bei uns verwendbaren Selbstklimmer lassen sich hingegen im wesentlichen auf drei Arten beschränken, nämlich die beiden obengenannten Efeu und Wilder Wein sowie die Trompetenblume. Daneben gibt es noch einjährige Arten, das heißt solche, die nur eine Wachstumsperiode überdauern und nach Blüte und Fruchtbildung (Samen) absterben.

Zu dieser Gruppe gehören so bekannte Vertreter wie Feuerbohne oder Wicken. Mit diesen einjährigen Arten lassen sich sehr schön Balkone oder Bereiche begrünen, bei denen - aus welchen Gründen auch immer - eine dauerhafte Begrünung unerwünscht ist.

Eine letzte, hierzulande selten angewandte Form der Fassadenbegrünung stellt die Verwendung von schnittverträglichen Laubgehölzen als Spalier dar. Arten, die dafür in Frage kommen, sind die Forsythie und der Feuerdorn.

»Zierliche Kapuzinerkresse« – eine Einjährige

Grüne Dächer isolieren

...verbessern das Kleinklima

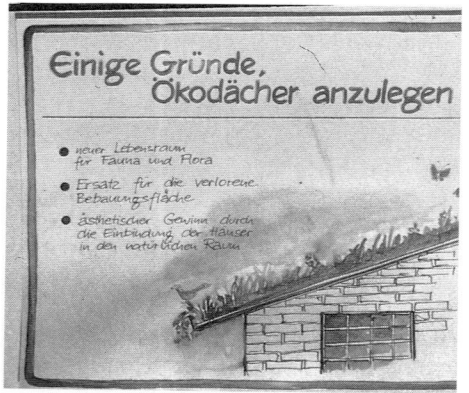

...schaffen neue Lebensräume

Funktionen der Fassaden- oder Dachbegrünung

Die Begrünung eines Dachs und/oder einer Fassade ist ökologisch sinnvoll. Sie schaffen damit neuen Lebensraum für Tiere sowie Pflanzen und legen zugleich einen Wasserspeicher an. Die damit verbundene Wirkung auf das Kleinklima ist ausgesprochen günstig. Begrünte Dächer bieten nämlich im Gegensatz zu bekiesten einer Reihe von bedrohten Tier- und Pflanzenarten Lebensraum und entlasten gerade bei starken Niederschlägen als Wasserspeicher unsere Kanalisation. Aufgenommene Feuchtigkeit wird über die gesamte Oberfläche von Pflanze oder Vegetationsschicht verdunstet und trägt somit zur Kühlung des Kleinklimas bei, was besonders in städtischen Lagen von großer Bedeutung ist. Weiterhin werden Rückstrahlung und damit verbundene Erwärmung der unmittelbaren Umgebung reduziert.

Auch hinsichtlich der Bauphysik erweisen sich Begrünungen als günstig. Sowohl Dach- als auch Fassadenbegrünungen reduzieren Temperaturextreme und die damit verbundenen Materialbelastungen (Dehnung, Schrumpfung). Dachhäute werden durch eine Begrünung vor mechanischen Schäden und UV-Strahlung geschützt. Außerdem leistet das begrünte Dach einen Beitrag zur Wärmedämmung.

Vergleichbares gilt für Fassadengrün. Das Laubkleid von Kletterpflanzen bietet nicht nur Vögeln Nistplätze, es schützt außerdem das Haus vor zu großer Erhitzung, Regen und Frost. Es filtert auch Staub und verbessert dadurch das Kleinklima der Umgebung.

Sie sollten auch den städtebaulichen Aspekt von Begrünungen nicht vergessen. Begrünte Gebäude tragen durch ihre Individualität zur Identifikation mit Stadtteilen bei und sind ein ideales Gestaltungselement bei Maßnahmen zur Stadtteil- oder Ortsverschönerung.

Baurecht und Förderung

Was in den einzelnen Landesbauordnungen für Gebäude und sonstige bauliche Anlagen festgelegt ist, nämlich die Art zu planen, zu bauen und Gebautes zu unterhalten, das gilt auch für Dachbegrünungen. Öffentliche Sicherheit und Ordnung dürfen durch sie nicht gefährdet, die Umgebung in keiner Weise negativ beeinflußt werden. Notwendigerweise müssen Sie sich an die einschlägigen Baubestimmungen halten und die anerkannten Regeln der Technik beachten.

Eine Baugenehmigung ist einzuholen, wenn Sie aus einem vorhandenen, ungenutzten Dach ein nutzbares Dach, beispielsweise in Form einer gestalteten Dachterrasse, machen wollen. Dabei müssen Sie Nachweise über Absturzsicherungen in Form von Bepflanzungen, Pflanzträgern oder Geländern erbringen.

Bei Neubauten unterliegt die Dachbegrünung als Teil der Gesamtplanung einer baurechtlichen Genehmigung. Mancherorts sind Dachbegrünungen per Bebauungsplan oder Ortssatzung zwingend vorgeschrieben. Grundsätzlich gilt, daß Sie einen Anspruch auf Genehmigung haben, wenn Sie die jeweils geltenden Baubestimmungen hinsichtlich Standsicherheit sowie Brand-, Schall- und Wärmeschutz einhalten. Detaillierte Auskünfte zu diesen Fragen erhalten Sie bei dem dafür zuständigen Bauamt Ihrer Gemeinde.

Wenn Sie als Mieter eine vorhandene Dachfläche nutzen wollen, sollten Sie sich zunächst mit Ihrem Vermieter verständigen. Bei größeren Bauvorhaben muß dann dieser die Baugenehmigung erwirken. Bei kleineren Vorhaben, wie der Begrünung nicht begehbarer Dächer, Garagen oder Schuppen, sollten Sie zwar auch das Einverständnis des Vermieters einholen, eine Baugenehmigung ist jedoch nicht erforderlich. Im Bereich des Fassadengrüns gibt es in dieser Hinsicht

Gras- und Ziegeldächer

Gut gesicherter Dachgarten

Begrünter Carport

Dachterrasse

Tiefgarageneinfahrt

Ein Zuschuß begrünt vielleicht auch dieses Dach

keine Probleme. Wenn Sie aber ein denkmalgeschütztes oder städtebaulich herausragendes Gebäude begrünen möchten, sollten Sie Rücksprache mit den dafür zuständigen Ämtern (Amt für Denkmalpflege, Bauamt) halten. Wollen Sie auf öffentlichem Grund (z.B. Gehweg) für eine Kletterpflanze eine Pflanzgrube ausheben, stellt dies eine Sondernutzung dar, die baurechtliche Belange berührt. Sie bedarf daher einer Genehmigung.

Im Nachbarschaftsrecht findet sich in Hinsicht auf das Fassadengrün kein Passus. Trotzdem empfiehlt es sich, von Begrünungsmaßnahmen betroffene Nachbarn vorher einzuweihen. Als Mieter sollten Sie Ihre Pläne deshalb sowohl mit dem Eigentümer als auch den Nachbarn besprechen. Nachdem Sie von der zuständigen Behörde oder dem betroffenen Nachbarn die Zustimmung zu Ihrem Vorhaben erhalten haben, ist der nächste Schritt zur Realisierung des Projekts die Finanzierungsfrage.

Für die verdichteten Innenbereiche von deutschen und österreichischen Großstädten gibt es Förderungsprogramme. In der Regel gewähren Städte für Dach- und Fassadenbegrünungen im Rahmen von Sanierungsprogrammen, Maßnahmen der Stadterneuerung, Wohnumfeldverbesserung oder Hinterhofbegrünung Zuschüsse bis 60 Prozent (Berlin: 50 bis 100 Prozent) der Gesamtkosten. Wenden Sie sich diesbezüglich an die zuständigen Ämter oder Referate (Bau bzw. Gartenbau) Ihres Wohnorts. Allgemeingültige Angaben können nicht gemacht werden, da die Gewährung von Zuschüssen im Zuständigkeitsbereich der Gemeinde liegt. Unter anderem gewähren folgende Städte im Rahmen von Förderungsprogrammen Zuschüsse:

Berlin	Hamburg
Bochum	Köln
Dortmund	München
Duisburg	Stuttgart
Düsseldorf	Wuppertal
Erlangen	Linz
Frankfurt	Salzburg
Gelsenkirchen	Wien

Welches Objekt eignet sich

Schrägdächer sind problematisch

Zur Frage, welche Gebäude beziehungsweise Dächer und Wände Sie begrünen können, sei prinzipiell folgendes gesagt: Beim Dach handelt es sich um einen sehr sensiblen Bereich. Fehler bei der Ausführung können katastrophale Auswirkungen haben; ein undichtes Dach kann die Folge sein.

Daher muß an dieser Stelle klar gesagt werden: Abdichtungstechnische Arbeiten sowie Dachbegrünungen von Wohnhäusern sollten Sie in jedem Fall erfahrenen Fachfirmen des Dachhandwerks oder des Garten- und Landschaftsbaus überlassen oder mit solchen zusammenarbeiten! Begrünungen von Schuppen und Garagen, Gartenhäuschen oder Carports hingegen können Sie unter Beachtung planerischer und ausführungstechnischer Regeln als versierter Heimwerker selbst durchführen.

Unter Berücksichtigung ästhetischer und funktionaler Aspekte eignet sich grundsätzlich nahezu jedes Gebäude für eine Dach- beziehungsweise Fassadenbegrünung.

Für Dachbegrünungen kritisch zu beurteilen sind allerdings Steildächer. Da diese Dächer bereits von ihrer Konstruktion her Niederschlagswasser schnell abführen, sind hier der Pflanzenentwicklung von vornherein Grenzen gesetzt.

Aus vegetationstechnischer Sicht eignen sich Flachdächer eindeutig besser für Begrünungen als schräge Dächer.

Bei architektonisch reizvollen Gebäuden sollte man mit einer vollständigen Fassadenbegrünung vorsichtig sein und das Haus nicht hinter allzuviel Grün verstecken. Demgegenüber empfiehlt sich der Einsatz von Kletterpflanzen bei architektonisch weniger gelungenen Gebäuden oder in Innenstadtlagen auf alle Fälle.

Begrünter Carport

Fachkunde

11

Dachkonstruktion und Sicherung bei Dacharbeiten

Dächer unterscheiden sich nach ihrer **Konstruktion,** Neigung und Belastbarkeit. Bei Flachdächern spricht man von durchlüfteten (Kalt-) und nicht durchlüfteten Dächern (Warmdach).

Gemäß den Flachdach-Richtlinien des Dachdeckerhandwerks bestehen Dächer aus folgenden Schichten, die jeweils ganz spezifische Funktionen erfüllen müssen:

Schicht	Bezeichnung	Aufgabe	Material
Sch	Schutzschicht: Oberflächenschutz/ Auflast/Nutzschicht/ Vegetation	Beschwerung, Schutz vor UV-Strahlung, Schutz vor Temperaturmaxima und -minima, Schutz vor mechanischer Beschädigung	Kies, Plattenbelag; Vegetation
A	Abdichtung	Schutz vor Niederschlagswasser, Entwässerung	Bitumenschweißbahn, hochpolymere Kunststoffe, Synthese-Kautschuk
DA	Dampfdruckausgleich	verhindert eine Durchfeuchtung der Wärmedämmung	Kunststoffe, Bitumenschweißbahn
D	Dachschalung	bildet den durchlüfteten Dachraum	Holz
DR	Durchlüfteter Dachraum	Durchlüftung	
WD	Wärmedämmung	Verhinderung von Wärmeverlusten	Hartschaum, Kork, Faserdämmstoffe
DS	Dampfsperre	verhindert Durchfeuchtung	Kunststoffe
AS	Ausgleichsschicht	Ausgleich unterschiedlicher Dehnprozesse von TK und A	Vlies
TK	Dachdecke	Lastannahme, Statik	Beton, Sparren

Fachkunde

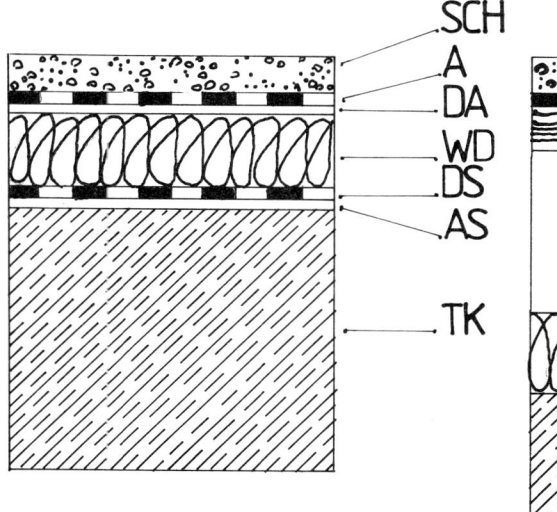

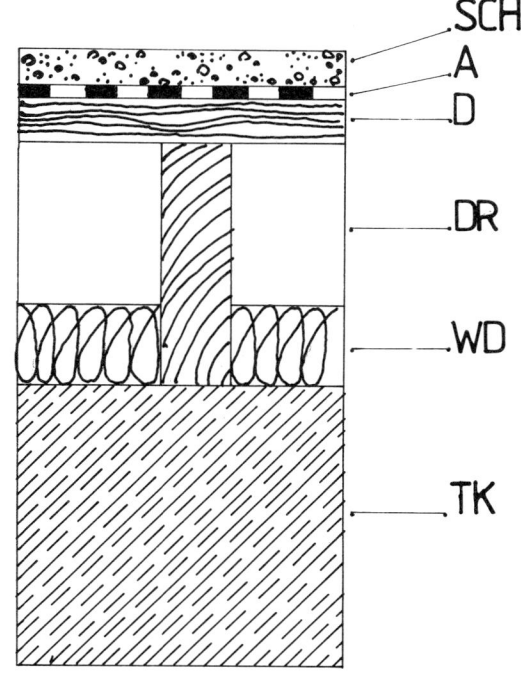

SCH
A
DA
WD
DS
AS
TK

SCH
A
D
DR
WD
TK

WARMDACH

KALTDACH

Weiterhin werden Dächer nach ihrer Dachneigung von < 3° bis > 20° unterschieden. Wenngleich oft die Begrünung von Dächern mit Neigungen bis zu 25° propagiert wird, erfüllt doch ein Flachdach mit < 3° Neigung die Voraussetzungen für eine extensive Dachbegrünung am besten.

Wenn Sie Ihr Dach nicht nur begrünen, sondern darüber hinaus nutzen wollen, also etwa eine Dachterrasse planen, die im Sommer auch als Sitzplatz dienen soll, müssen Sie dies bereits bei seiner Konstruktion und Bauweise berücksichtigen.

Ein ständig begehbares Dach muß statisch so ausgelegt sein, daß über die Materialauflasten hinaus auch zusätzlich sogenannte Nutzungslasten aufgenommen werden können. Dazu kommen noch Flächen- und Punktlasten der Vegetation.

Aus dem Gesagten ergibt sich, daß für genutzte Dachflächen jene Flachdachbauweisen vorzuziehen sind, die auf einer schweren Tragkonstruktion ruhen. Aus Kostengründen (Wärmeisolierung) sollten Sie sich in jedem Fall für ein Warmdach anstelle eines Kaltdachs entscheiden (vgl. Skizze).

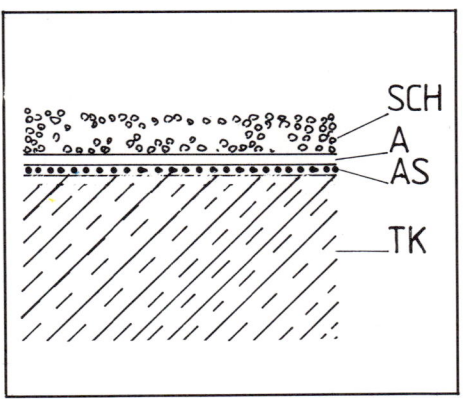

Warmdach ohne Wärmedämmung

Verkehrslasten bei genutzten und ungenutzten Dächern (in kg/m²)

Zeitweilig begehbare Dachflächen   200
Begeh- und befahrbare Dachflächen (bis 2,5 t)   350

Flächenlasten von Vegetation in belaubtem regennassem Zustand (in kg/m²)

Rasen	5
niedrige Stauden und Gehölze	10
Stauden, Sträucher bis 1,50 m	20
Sträucher bis 3 m	30
Großsträucher bis 6 m	40
Kleinbäume bis 10 m	60
Bäume bis 15 m	150

Flächenlasten von Baustoffen bei Wassersättigung (in kg/m² bei 10 cm Einbaudicke)

Sand	200 - 220
Kies	160 - 180
Lavasand	200
Lavakies	120 - 130
Bimssand	80 - 100
Bimskies	70 - 80
Blähtonsand	110 - 130
Blähtonkies	50 - 100
Rindenhumus	80 - 100
Oberboden	160 - 200
mineralische Dachsubstrate	60 - 150
organische Dachsubstrate	80 - 120
Polystyrolplatten	3 - 4

Was die **Sicherheit** bei Arbeiten auf dem Dach angeht, gibt es für Privatpersonen zwar keine Vorschriften, Sie sollten sich jedoch an den Bestimmungen der Berufsgenossenschaften Bau beziehungsweise Gartenbau orientieren. Diese schreiben ab Höhen von 5 bzw. 2 m zwingend Absturzsicherungen vor. Sie können beispielsweise provisorische Geländer anbringen, ein Gerüst oder eine Absperrung am Dachrand aufstellen.Bewegen Sie sich auf Dächern grundsätzlich so vorsichtig wie möglich und seilen Sie sich an, auch wenn das Ihre Bewegungsfreiheit etwas einschränkt.

Selbstlader

Materialeinkauf und -transport

Kies ist sehr schwer...

Wenden Sie sich beim Materialeinkauf an einen Baustoffhändler und lassen Sie sich eingehend beraten. Fragen Sie Ihren Architekten um Rat und fordern Sie technisches Informationsmaterial von den einzelnen Herstellern an. Ein Bezugsquellenverzeichnis finden Sie am Ende des Buchs.

Material für Holz- und Metallkonstruktionen bekommen Sie im Holz- oder Eisenwarenhandel. Kunststoffseile und -netze erhalten Sie bei Seilereien oder den Herstellern selbst; Seile aus Kokos oder Hanf auch in Gartencentern oder Baumärkten. Der Weg zum Hersteller oder Fachhändler lohnt sich, da Sie neben der eigentlichen Produktinformation eventuell noch den einen oder anderen Tip für die Verarbeitung bekommen können.

Ein wesentliches Problem bei Dachbegrünungen stellt der Materialtransport dar. Bei kleineren und niedrigen Dächern wie von Garagen oder Schuppen läßt sich das Material noch über Leitern, per Seil oder mit einem Flaschenzug unter Zuhilfenahme von Kübeln, Wannen oder Säcken transportieren. Bei größerem Materialbedarf und höheren Dächern wird dies zunehmend schwieriger. Ein ideales Transportmittel ist ein sogenannter Schrägaufzug, der für die Dauer der Bauzeit aufgestellt wird und den Sie eventuell von Ihrem Dachdecker leihen können. Er ist mit einem Materialkorb oder Schüttkübel (200 kg Fassungsvermögen) ausgestattet und erreicht Höhen zwischen 6 und 30 m. Mit einem Selbstlader (LKW mit Baggervorrichtung) können Sie je nach Größe bis zu 3 m Höhe erreichen. Vor allem für Substrat oder Kiesauftrag sind solche Geräte empfehlenswert, weil mit diesen Fahrzeugen das Material auch angeliefert werden kann. Am besten mieten Sie das Fahrzeug samt Fahrer bei einem Erdbauunternehmer.

...und erfordert einen Schrägaufzug

Holzschuppen mit Weinspalier

Verkleidete Fassade mit Klettergerüst

Vor Begrünung Mauerwerk prüfen

Vom technischen Standpunkt aus betrachtet, können Sie jede Art von Wand begrünen, egal ob Stein, Ziegel, Holz oder Fachwerk. Voraussetzung ist allerdings, daß sich die Wand in einwandfreiem Zustand befindet. Ist dies der Fall, stellt sich die Frage, wie und mit welchen Kletterhilfen am besten begrünt wird.

Neuere Untersuchungen haben ergeben, daß bei direktem Bewuchs lichtfliehende Triebe selbstklimmender Arten (z.B. von Efeu) in Ritzen, Fugen oder Stöße vordringen können. In Folge des Dickenwachstums dieser Triebe kann es zu Schäden kommen, wenn die Risse größer werden.

Bei Holzwänden ist von einem direkten Bewuchs mit Selbstklimmern abzuraten. Zum einen kann direkter Bewuchs zu Pilzbefall führen, zum anderen muß bei der notwendigen Erneuerung des Schutzanstrichs die Pflanze abgerissen werden.

Dies betrifft jedoch nur selbstklimmende Pflanzen und im Einzelfall liegt es an Ihnen, ob Sie bereit sind, für den reizvollen Anblick von grünem Efeu auf einer unverputzten Ziegelmauer das Risiko einer eventuellen Schädigung des Mauerwerks einzugehen.

Wenn Sie Ihr Haus mit einer Fassadenverkleidung versehen haben, sollten Sie auf Direktbewuchs verzichten. Greifen Sie in diesem Fall zu rankenden Arten und konstruieren Sie ein Klettergerüst.

Wie bei rissigem Mauerwerk besteht auch bei Fassadenverkleidungen die Gefahr, daß lichtfliehende Triebe in Ritzen hineinwachsen und im Lauf der Zeit durch Dickenwachstum Fassadenelemente abgesprengt werden. Putze, die alt, rissig und feucht sind oder hohl klingen, müssen vor einer Begrünung saniert werden. Putzrisse können wie Mauerrisse von Selbstklimmern durchwurzelt und zerstört werden.

Allein die Beschichtung eines rissigen Putzes reicht für eine Begrünung mit selbstklimmenden Pflanzen nicht aus, er muß grundlegend saniert, das heißt in den schadhaften Partien abgeklopft und neu aufgebracht werden.

Hohlklingende Putze lassen Zweifel an ihrer Tragfähigkeit aufkommen. Für reine Kalkputze gilt im wesentlichen dasselbe, ebenso für Kalkzementputze. Kunstharzputze sollten aufgrund ihrer geringen Tragfähigkeit und relativ kurzen Lebensdauer nur mit Gerüstkletterpflanzen begrünt werden. Auch bei Beschichtungen (z.B. Dispersonsbeschichtungen) besteht die Gefahr einer Durchwurzelung und Beschädigung. Auf direkten Bewuchs sollten Sie deshalb verzichten und statt dessen Gerüstkletterpflanzen verwenden. Begrünen Sie Ihre Fassade mit einem Selbstklimmer, sollten Sie auf jeden Fall darauf achten, daß Fenster, Fensterläden oder Rolladenkästen von Bewuchs freigehalten werden. Sind die Fenster aus Holz, müßten die Triebe bei einem notwendigen Neuanstrich sonst mühsam entfernt werden. Darüber hinaus können verrottende Pflanzenteile zu Fäulnisprozessen führen.

Eine weitere Schwachstelle stellen mangelhaft ausgeführte Fugen zwischen Mauerwerk und Fensterrahmen dar. An derartigen Stellen sollen schon Efeutriebe bis ins Wohnungsinnere vorgedrungen sein. Kontrolle von Zeit zu Zeit in diesem Bereich ist angebracht. Sie sollten nicht versäumen, regelmäßig Fallrohre oder Dachrinnen zu überprüfen, ebenso Außenleitungen, Antennen und Blitzableiter. Dies sind Ver- und Entsorgungseinrichtungen, die nicht mit einer bequemen Kletterhilfe verwechselt werden sollten.

Abschließend ist noch zu sagen, daß man Kletterpflanzen daran hindern sollte, auf und über das Dach hinaus zu wachsen. Gerade bei Selbstklimmern besteht die Gefahr, daß durch Eindringen lichtfliehender Triebe Dachplatten angehoben werden. Das darüberliegende Blätterdach als Ersatz ist auf Dauer nicht ausreichend dicht. Diese Hinweise auf mögliche Schäden sollten Sie nicht davon abhalten, Ihr Haus zu begrünen, vielmehr sollen sie zu einer fachlich einwandfreien Begrünung beitragen.

Dachrinnen und Fenster freihalten

Kletterpflanzen dürfen nicht aufs Dach

Fachkunde

Extensive Begrünungen...

...entfalten sich im Detail

Aufbau extensiver Dachbegrünungen

Wie eingangs bereits erwähnt, ist die extensive Dachbegrünung eine flächige Begrünungsform mit (Wild-)Stauden, (Klein-)Sträuchern, Gräsern und Moosen bei geringem Pflegeaufwand und niedrigen Kosten, bei der ein dünner und einfacher Schichtenaufbau genügt. Dieser Schichtenaufbau besteht ab der Tragkonstruktion des Dachs aus:

V)	Vegetation
KS)	Kiesstreifen
VS)	Vegetationsschicht
FS)	Filterschicht
DS)	Dränschicht
WS)	Wurzelschutz (kann entfallen)
TL)	Trennlage (kann entfallen)
A)	Abdichtung
WD)	Wärmedämmung
D)	Dampfsperre
AS)	Ausgleichsschicht
TK)	Tragkonstruktion

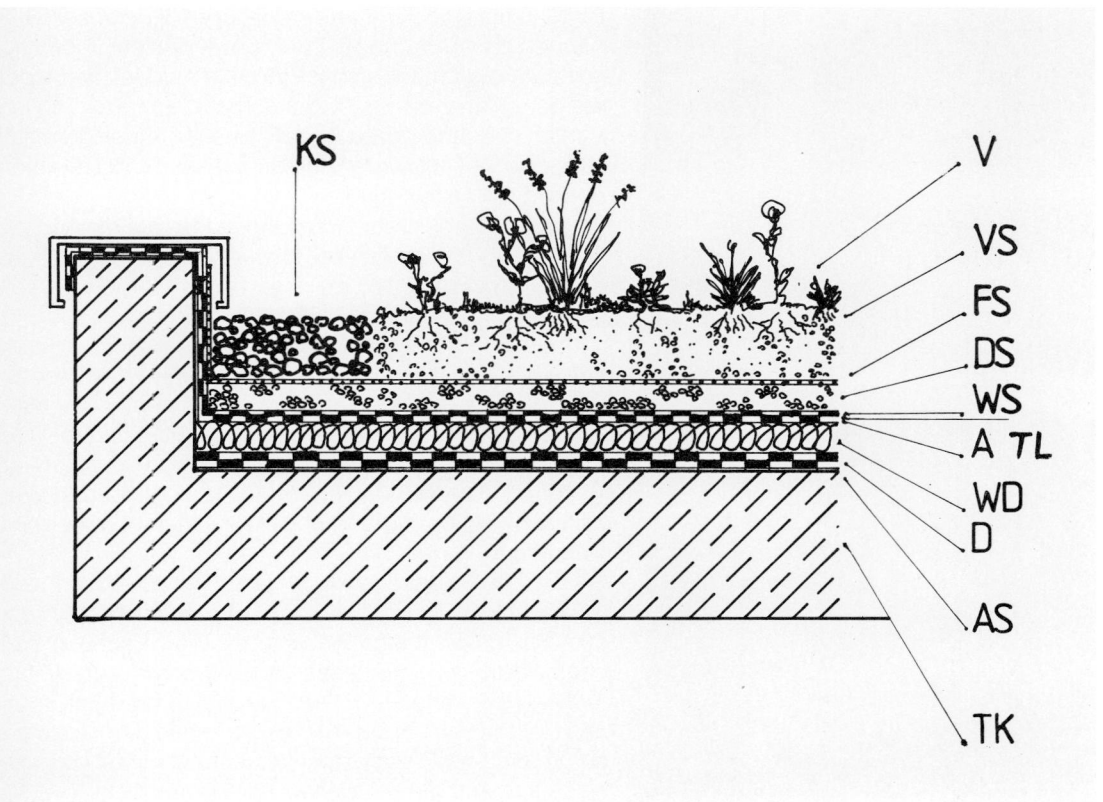

Dachabdichtung und Wurzelschutz

Fachmännisch abgedichtetes Dach

Ein wesentlicher Faktor der Dachbegrünung ist die Abdichtung.

Wollen Sie ein bereits vorhandenes Dach begrünen, prüfen Sie zuerst, um was für eine Art Dachhaut es sich handelt.

Ist Ihr Dach bituminös abgedichtet, ist eine Wurzelschutzschicht dringend erforderlich. Wurzeln bestimmter Pflanzen sind durchaus in der Lage, Bitumenschweißbahnen zu durchdringen, was unweigerlich Undichtigkeit zur Folge hat. Es sind Produkte mit Metalleinlagen auf dem Markt, die ein Durchwurzeln verhindern sollen. Achten Sie aber darauf, daß Sie nur Qualitätsartikel kaufen, da es ansonsten vorkommen kann, daß sie nicht absolut wurzelfest sind.

Bevor Sie die Wurzelschutzbahnen lose auf die Abdichtung verlegen, empfiehlt es sich, eine Trennlage in Form eines Polyestervlieses zu verlegen. Damit beugen Sie etwaigen Materialunverträglichkeiten zwischen Abdichtung und Wurzelschutz vor. Mit den im Handel erhältlichen, bis zu acht Meter breiten Bahnen können Sie beispielsweise Garagendächer nahtlos mit einer Wurzelschutzschicht versehen. Handelt es sich bei Ihrer Dachhaut um eine Kunststoffbahn, sollten Sie beim Hersteller entsprechende Nachweise bezüglich ihrer Wurzelfestigkeit anfordern. Nicht alle Kunststoffbahnen sind wurzelfest!

Sie sind fein heraus, wenn Ihr Dach mit einer Synthese-Kautschuk-Bahn (EPDM-Bahn) abgedichtet ist. In diesem Fall erübrigt sich ein weiterer Wurzelschutz. Welches Abdichtungsmaterial Sie bei einem Neubau letztendlich verwenden, sollten Sie zusammen mit Ihrem Architekten speziell für Ihr Dach entscheiden. Jede der aufgezeigten Möglichkeiten weist bestimmte Vor- und Nachteile auf, die Sie genau abwägen müssen.

Bituminöse Abdichtung erfordert Wurzelschutz

Wurzelschutzfolie

Schutzlage

Vor der Arbeit kehren!

Wie der Name schon sagt, wird diese Schicht zum Schutz vor mechanischer Beschädigung aufgebracht. Gerade einlagige Kunststoff- oder Synthese-Kautschuk-Bahnen mit ihrer geringen Dicke (bis 3 mm) sind anfällig gegen Verletzungen durch spitze Gegenstände, Funkenflug, Zigarettenglut und ähnliches. Dies gilt vor allem während der Bauphase. Auch beim späteren Einbau von kantigem Dränmaterial (vgl. folgendes Kapitel) sollte auf eine Schutzlage nicht verzichtet werden. Verwenden Sie hierfür Vliese und Filze, mit einer Stärke von 250 bis 300 g/m².

Sieht Ihre Planung einen Terrassenbelag oder größere Pflanztröge vor, sollten Sie zu Schutzbahnen oder -platten aus Synthese-Kautschuk (bis 10 mm Dicke), sogenannten Gummischnitzelmatten, greifen. Diese Materialien sind zwar ziemlich teuer, doch bieten sie einen umfassenden Schutz schon während der Bauphase und darüber hinaus bis hin zur Pflege und Wartung der fertiggestellten Dachbegrünung. Der häufig immer noch verwendete Schutzestrich ist nicht zu empfehlen - zum einen aufgrund des hohen Aufwands an Material, Transport und Arbeit, zum anderen wegen unterschiedlicher Dehnprozesse von Dachkonstruktion, Dachhaut und Schutzestrich. Dabei kommt es zu Rißbildungen, die sich auf die Dachhaut übertragen und somit langfristig zu einer Gefahr für die Dichtigkeit des Dachs werden können. Weiterhin führt der im Zement enthaltene Kalk zu einer Versinterung und damit eventuell einem Verstopfen der Dachabläufe, wodurch eine wirksame Entwässerung der gesamten Dachfläche nicht mehr gewährleistet ist.

Daß Sie bei einem Verzicht auf einen Schutzestrich zusätzliche Auflast einsparen, ist ein letzter wichtiger Aspekt.

Vlies

Gummischnitzelmatten

Materialkunde

21

Drän- und Filterschicht

Substrat auf Blähtonbasis

Dränplatte aus Schaumflocken

Dränschicht

Die Dränschicht dient der Aufnahme und Abführung überschüssigen Wassers aus Niederschlägen und Bewässerung. In bestimmten Fällen, so beispielsweise bei Intensivbegrünungen mit Anstaubewässerung oder aufgrund bestimmter Stoffeigenschaften einiger Dränmaterialien kann Wasser pflanzenverfügbar gespeichert werden.

Zum Aufbau einer Dränschicht werden verwitterungsbeständige Baustoffe verwendet, die in ihrer Struktur stabil sind, einen geringen Kalziumkarbonatanteil und keine pflanzenschädlichen Stoffe enthalten.

Ein weiteres entscheidendes Kriterium ist das spezifische Gewicht des Baustoffs und die daraus resultierende Flächenlast. In der Regel sollten Sie leichte Baustoffe schwereren vorziehen (vgl. zu den Lasten S.14). Man unterscheidet Schüttbaustoffe, Dränmatten und Dränplatten.

Die Einbaudicke sollte bei Schüttbaustoffen mindestens 5 cm, besser 10 cm betragen.

Polystyrolplatten sind nur 5 cm dick, sie haben ein Gewicht von etwa 0,5 kg/m². Fadengeflechtmatten sind 3 cm stark und wiegen lediglich 0,2 kg/m². Der im Vergleich zu den Schüttbaustoffen hohe Materialpreis von vlieskaschierten Fadengeflechtmatten wird dadurch ausgeglichen, daß auf eine Filterschicht (vgl. unten) verzichtet werden kann und somit die Arbeitsgänge reduziert werden.

Hinzu kommt, daß der Transport von Schüttbaustoffen auf die Dachflächen in den allermeisten Fällen relativ aufwendig ist und im Regelfall nur mit Hilfe von Schrägaufzügen, Förderbändern oder Kränen bewerkstelligt werden kann. Fadengeflechtmatten wie auch Polystyrolplatten können hingegen aufgrund ihres geringen

Gewichts sogar über eine Leiter auf das Dach gebracht werden.

Verwenden Sie Fadengeflechtmatten, sollten Sie beachten, daß diese kein Wasser speichern können und daher die Vegetationsschicht dicker ausgebildet werden muß, um eine ausreichende Wasserversorgung sicherstellen zu können.

Dränmaterial aus Polyäthylen-Schaumflocken gibt es als Platten (1 m x 2 m) und Bahnen (1 m x 10 m). Es läßt sich problemlos verlegen und leicht zuschneiden. Sie können sich zudem eine Lage Vlies sparen, da die Dränplatten und -bahnen auch vlieskaschiert geliefert werden. In die Unterseite der Bahnen eingeprägte Rillen garantieren ein schnelles Abführen von Niederschlagswasser.

Die Bahnen und Matten sind befahrbar (Tiefgaragenbegrünung!) und spatenfest, was besonders für die Pflanz- und Pflegearbeiten von Bedeutung ist. Durch ihre geringe Bauhöhe sind sie ebenso wie Fadengeflechtmatten besonders für dünnschichtige Aufbauten bei geringen Dachaufkantungen geeignet.

Filterschicht

Da bei der Abführung überschüssigen Wassers von der Vegetationsschicht in die Dränschicht Feinteile transportiert werden, müssen Sie zwischen diese beiden Schichten eine Trennlage einbauen. Damit wird verhindert, daß beispielsweise Schüttbaustoffe verschlämmen und so ihre oft entscheidende Funktion eingeschränkt wird. Zu diesem Zweck verwenden Sie am besten Polyestervliese in den Stärken von 150 bis 300 g/m². Dabei gilt die Regel: je grobkörniger der darunterliegende Dränbaustoff, desto stärker die Filterschicht. Dadurch wird verhindert, daß Materialunebenheiten und die damit verbundenen Tritt- und Zugbelastungen zu einem Reißen des Vlieses führen und so eine optimale Filterwirkung nicht mehr gewährleistet ist. Bedenken Sie stets, daß jedes Dach eine besonders wichtige Funktion für die Langlebigkeit der gesamten Bausubstanz Ihres Hauses oder Ihre Garage erfüllt. Sparen Sie nicht am falschen Fleck, wenn es um die Qualität der auf dem Dach verwendeten Materialien geht und verarbeiten Sie diese besonders sorgfältig.

Drähnbahn: Polyäthylen-Schaumflocken

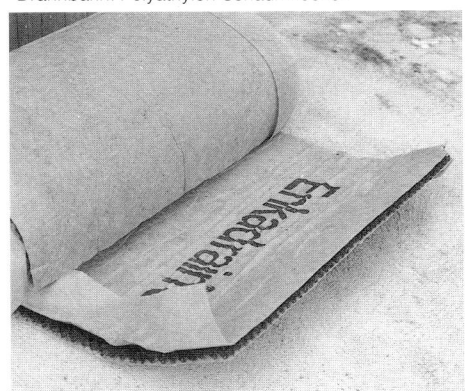

Fadengeflechtmatte

Entwässerungselemente mit Wasseranstau

Materialkunde

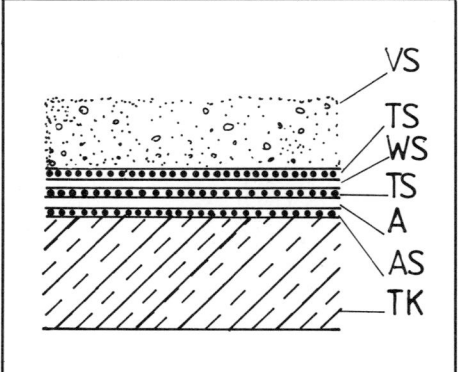

Kein Oberboden aufs Dach

Vegetationsschicht

Eine Vegetationsschicht ist eine Unterlage (Substrat), die Pflanzenwachstum ermöglicht. Da der Aufbau auf dem Dach möglichst dünnschichtig sein soll, scheiden herkömmliche Gartenerden oder Humus aus, in wassergesättigtem Zustand sind sie zu schwer.

Wichtig ist, daß das Substrat Wasser speichern kann, überschüssiges Wasser jedoch schnell abgibt und nicht vernäßt. Der Nährstoffgehalt sollte nicht zu hoch sein. Das Substrat soll zudem strukturstabil sein, sich also nicht zersetzen. Dies ist gerade bei stark organischen Erden ein Problem. Setzen Sie bei geringer Schichtdicke mineralische Substrate ein. Auf Substrate mit hohem Torfanteil sollten Sie verzichten, da Torfabbau Feuchtgebiete zerstört.

Auf dem Markt sind eine ganze Reihe von Produkten, die den Anforderungen an Dachsubstrate gerecht werden. Einen Sonderfall stellen reine Tongranulatsubstrate dar, die Sie als Vegetationsschicht ebenso verwenden können wie für die Dränschicht. Diese sogenannte einschichtige Bauweise ermöglicht Ihnen einen dünnen (mindestens 15 cm) und daher leichten Aufbau, was gerade bei der Begrünung kleiner Dächer von Vorteil sein kann. Zusätzlich sparen Sie dadurch Kosten, da Sie auf den Einbau einer Filterschicht verzichten können. Beachten Sie, daß diese Tongranulate mit Nährstoffen relativ unterversorgt sind, was eine Düngung in regelmäßigen Abständen (2 mal/Jahr) erforderlich macht. Verwenden Sie dazu einen Flüssigdünger mit den Hauptnährstoffen Stickstoff, Phosphat und Kali sowie Spurenelementen.

Zwischen Dachrand/Dachaufkantung und Vegetationsschicht wird als Grenzlinie ein Kiesstreifen eingezogen (vgl. S. 65), der Vegetation (Wurzeln!) und Feuchtigkeit vom Rand der Abdichtungsbahnen fernhalten soll.

VS
TS
WS
TS
A
AS
TK

Einschichtiger Aufbau...

...eine einfache Lösung für kleine Dächer

Kletterhilfen an Fassaden

Kletterpflanzen, die keine Haftorgane haben, benötigen Kletterhilfen. Als architektonische Elemente können diese als freistehende Spaliere ausgebildet, an das Haus angelehnt werden oder aber direkt an die Fassade montieren. Klettergerüste können aus Holz, Metall, Kunststoffdrähten, Netzen oder Gittern angefertigt werden. Immer sollten Sie darauf achten, daß die Konstruktion der Fassade angepaßt wird.

Sie können mit Kletterhilfen ganz bewußt Kontrapunkte setzen, dem Gebäude Farbe geben, Lebendigkeit und Akzentuierung bestimmter Fassadenteile erreichen.

Bei der technischen Ausführung muß bedacht werden, daß Pflanzen mit der Zeit an Gewicht zunehmen und manche großlaubige Arten (z.B. Pfeifenwinde) Schnee- und Windbruch stärker ausgesetzt sind als kleinlaubige. Freistehende Holzspaliere sollten immer ausreichenden Abstand zum Erdboden und eine dauerhafte Verankerung (Balken-/Metallschuh) aus rostfreiem Stahl in einem Betonfundament haben. Weiterhin spielt die Langlebigkeit der Pflanzen eine Rolle. Material, Konstruktion und Verarbeitung der Klettergerüste sollte sich daran orientieren. Praktisch erscheint es auch, Kletterhilfen so anzubringen, daß sie bei Fassadenreparaturen abgenommen werden können.

Kletterhilfen aus Holz

Für Kletterhilfen aus Holz eignen sich von den Nadelhölzern vor allem Fichte, Kiefer und Lärche, wobei die beiden letztgenannten die dauerhaftesten sind. Von den heimischen Laubhölzern kommen Eiche oder Ulme in Frage. Auf tropische Hölzer, die zwar sehr dauerhaft, aber sehr schwer zu verarbeiten sind, sollten Sie aber verzichten. Wollen Sie tropisches Flair dennoch nicht missen, finden Sie im Fachhandel Bambusstäbe in verschiedenen Stärken. Zusammen mit Draht, Latten

Spalierlatten

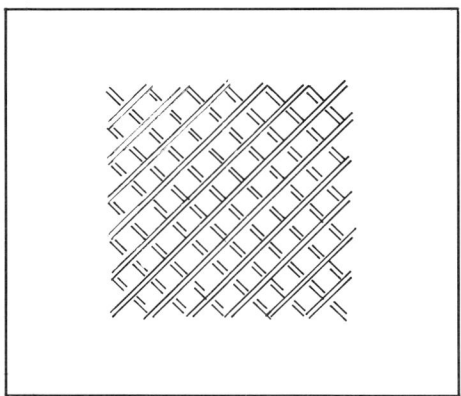

Diagonales Spalier-Fertigelement

Vertikales Spalier-Fertigelement

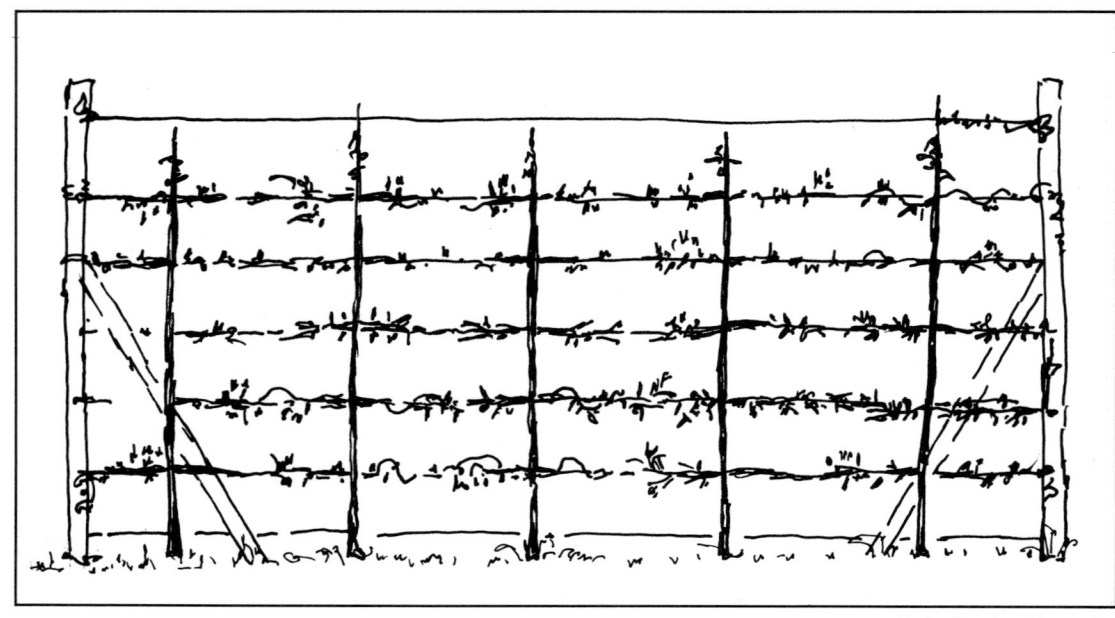

Freistehendes Obstspalier

oder Schnüren bieten sich so reizvolle Möglichkeiten, leichte Klettergerüste beispielsweise für einjährige oder schwachwüchsige Kletterpflanzen zu bauen.

Achten Sie beim Kauf des Holzes darauf, daß es nicht rissig ist und wenig Astlöcher aufweist. Risse beeinträchtigen vor allem die Tragfähigkeit des Holzes, Astlöcher verringern die Widerstandsfähigkeit gegen Pilzbefall.

Für Klettergerüste verwendet man üblicherweise Latten; man wählt sie je nach erforderlicher Tragfähigkeit aus, wobei für die Rahmenkonstruktion in der Regel stärkere Latten verwendet werden. Manche Anbieter führen bereits vorgefertigte Rankgitter im Angebot. Die Abmessungen sind unterschiedlich, reichen aber in der Höhe meist über 1,80 m nicht hinaus.

Holz, das Sie im Holzhandel kaufen, ist heutzutage oft kesseldruckimprägniert. Dies erleichtert die Arbeit erheblich, da Sie auf zusätzliches Streichen verzichten können. Lediglich Schnittstellen müssen nachgearbeitet werden. Darüber hinaus wird mit keinem herkömmlichen Verfahren (Streichen, Sprühen, Tauchen) ein ähnlicher Tiefenschutz erreicht wie beim sogenannten Kesseldruckverfahren, das einen Vollschutz bis zum Kernholz bewirkt. Wenn Sie allerdings Ihr Rankgerüst selbst streichen, sollten Sie möglichst biologische Mittel verwenden. Imprägniersalz, Teerölpräparate oder lösemittelhaltige Präparate sind in vielfacher Form im Handel erhältlich. Bedenken Sie aber, daß auch alle diese Mittel mehr oder weniger Schadstoffe enthalten.

Für die Verbindung von Hölzern im Freien wählt man am besten Holzschrauben aus Stahl oder Messing, Nägel sowie feuerverzinkte Blechformteile. Verleimungen sind, wenn sie nicht mit hochwertigem Spezialleim hergestellt werden, für den Außenbereich nicht dauerhaft und auch

Materialkunde

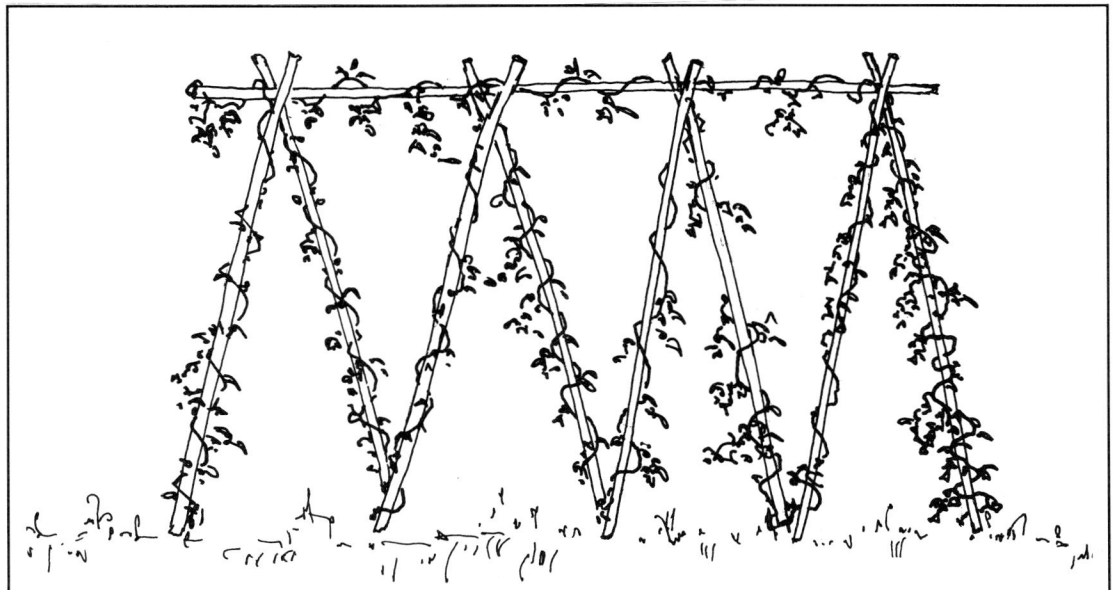

Bohnenspalier

sehr schwer herzustellen. Arbeiten Sie im Normalfall mit Nägeln und Holzschrauben und bedenken Sie, daß Schraubenverbindungen haltbarer sind als Nagelverbindungen und sich leicht wieder lösen lassen. Für einfache Konstruktionen empfiehlt es sich, den Rahmen zu schrauben und die Lattung zu nageln. Stark beanspruchte Verbindungen sollten mit Schraubenbolzen hergestellt werden.

Mit feuerverzinkten Blechformteilen (Lochplatten, Flachverbinder, Balkenschuhe, Lochplattenwinkel und Winkelverbinder) und sogenannten Ankernägeln können Sie Holz in vielfacher Art und Weise verbinden.

Kletterhilfen aus Metall, Seilen, Netzen

Für Kletterhilfen aus Metall eignen sich viele Materialien. Eine sehr einfache Möglichkeit besteht darin, Maschendraht auf einen Holzrahmen zu spannen. Sie können aber auch verzinkten oder plastikummantelten Spanndraht (Durchmesser 2 bis 4 mm) verwenden. Gespannt werden solche Drahtkonstruktionen mit Drahtspannern oder Spannschlössern.

Eine etwas teurere Variante sind Drahtseile (Durchmesser 2 bis 10 mm), die verzinkt, in Edelstahl, plastikummantelt oder in V2A-Ausführung erhältlich sind. Zur Verarbeitung der Seile benötigen Sie Spezialwerkzeuge sowie Spannschlösser und Seilklemmen, um sie zu spannen. Rundstahl mit einem Durchmesser von 10 bis 15 mm in verzinkter oder V2A-Ausführung ist eine weitere Alternative. Zusammen mit Draht oder Drahtseilen lassen sich damit interessante Konstruktionen herstellen. Billig und relativ einfach zu verarbeiten ist Baustahlgewebe. Es ist in verschiedenen Ausführungen im Handel. Der Abstand zwischen Längs- und Querstreben sollte 15 cm betragen. Baustahlmatten sind dort gut einzusetzen, wo die ästhetischen Ansprüche gering sind oder eine rein

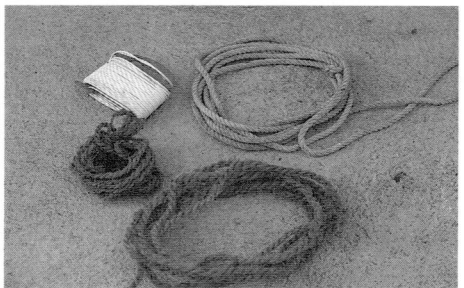

Schrauben, Nägel, Blechformteile

Spanndraht und Spanner

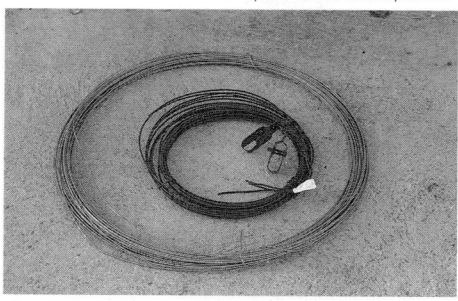

Spannseil und Spannschlösser

Kokos- und Kuststoffseile

funktionale Lösung angestrebt wird. Für starkwüchsige Kletterpflanzen, die ohnehin alles überwuchern, ist Baustahlgewebe ebenfalls geeignet.

Hin und wieder bietet die Industrie plastikummantelte Stahlprodukte an, das Risiko, daß Kletterpflanzen an den stark wärme- wie kälteleitenden Metallen Schaden nehmen, läßt sich auf diese Weise reduzieren.

Leichte Kletterhilfen können sie auch aus Seilen herstellen. Für kurzfristige Lösungen bieten sich Seile aus Hanf, Kokos oder Sisal an. Für dauerhaftere Konstruktionen sollten Sie eher zu Kunststoffseilen greifen, die mit Seilklemmen befestigt werden. Durchmesser von 2 bis 15 mm und mehr lassen vielseitige Anwendungen zu.

Eine einfache Variante besteht in der Verwendung von Wäscheleinen. Es gibt geriffelte, mit einem Drahtkern versehene Wäscheleinen, die für nicht allzu stark belastete Kletterkonstruktionen durchaus geeignet sind. Eine weitere Möglichkeit, sind Netze. Netze aus Kunststoff mit verschiedenen Maschenweiten und Durchmessern können Sie maßgefertigt bei Netz- oder Seilfabriken kaufen.

Befestigungen

Grundsätzlich müssen Sie sich entscheiden, ob das Klettergerüst abnehmbar, wegklappbar oder fest mit der Wand verbunden sein soll. Wichtig ist auf jeden Fall, daß zwischen Klettergerüst und Hauswand ein Abstand von 5 bis 15 cm bleibt, um den Pflanzen ein optimales Wachstum zu ermöglichen.

In Halteeisen oder Mauerhaken aus Stahl können vorgefertigte Holzkonstruktionen oder Baustahlmatten jederzeit abnehmbar eingehängt werden.

Wegklappbare Kletterhilfen befestigt man mittels diverser Kloben und Bänder oder mit Scharnieren und Sturmhaken. Mit Spreizdübeln oder Einschlagankern, Gewindestangen, Abstandhaltern aus Alurohr oder Holz sowie Schraubenmuttern können Rahmenkonstruktionen dauerhaft an Hauswänden befestigt werden. Auf gleiche Weise, allerdings mit Ringmuttern, können Sie Rundstahl befestigen. Netze und Seile hängen Sie mit Nylonringen oder Karabinern in Ringschrauben oder -muttern ein.

Holz- und Rostschutz

Zum Schutz von Holz gegen Fäulnis, Pilzbefall oder Insektenfraß sind eine Reihe von Mitteln auf dem Markt. Grundsätzlich gilt: Holzschutzmittel sind mehr oder weniger giftig und deshalb in Giftabteilungen eingeteilt. Lacke enthalten Lösungsmittel, die beim Streichen verdunsten, sich in die Atmosphäre verflüchtigen und so zum Waldsterben beitragen. Darüber hinaus gelten Lösungsmittel als krebserregend.

Wenn Sie Klettergerüste aus Holz bauen, sollten Sie kesseldruckimprägniertes Holz verwenden. Bei diesem Verfahren werden die Holzteile mit hochfixierenden Salzen behandelt, die nicht ausgewaschen werden und daher relativ unproblematisch sind.

Auch unbehandeltes Holz besitzt im Außenbereich eine lange Lebensdauer, wenn es gut hinterlüftet wird. Vermeiden Sie allerdings Erdkontakt. Wenn Sie farbige Holzteile bevorzugen, sollten Sie auf Naturharzlacke zurückgreifen.

Für den Holzschutz eignen sich Boraximprägnierungen, Holzlasuren auf Leinölbasis oder Naturharzimprägnierungen. Lassen Sie sich über Naturfarben beraten und wählen Sie solche, auf denen die meisten Inhaltsstoffe genannt werden.

Für den Schutz von Metallteilen gilt Farben und Lacke betreffend dasselbe. Verwenden Sie deshalb verzinkte Produkte oder leisten Sie sich V2A-Material. Verzinkte Metallteile werden nur an den Schnittstellen nachgearbeitet. Verwenden Sie dazu Naturharzgrundierung und Naturharzdeckanstrich. Bei V2A-Stahl erübrigt sich jede Behandlung. Wenn Sie unverzinktes Material verwenden, müssen Sie vor einem Farbanstrich mit der Stahlbürste etwaige Roststellen entfernen, um Unterrostungen zu vermeiden. Anschließend tragen Sie Grundierung und Deckanstrich auf.

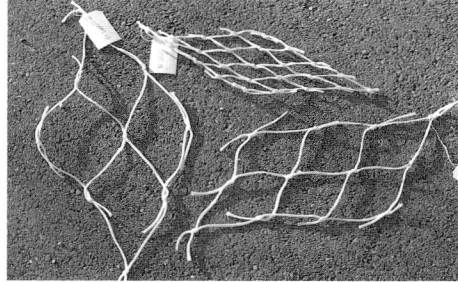

Netze

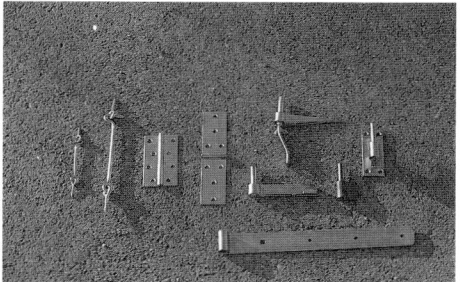

Bänder, Kloben, Scharniere

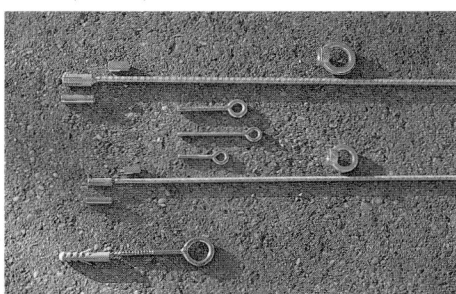

Material für feste Verbindungen

Entrosten von Metall

Materialkunde

29

Pflanzloch

Verschiedene Gefäße

Holztrog

Verschiedene Pflanzbeete

Im Normalfall werden Kletterpflanzen direkt an die Hauswand gepflanzt, allenfalls in geringfügigem Abstand. Das Pflanzloch muß stets groß genug ausgehoben werden (ca. 40 x 40 x 50 cm).

Wenn der Aushub nicht zum Wiederverfüllen geeignet ist (wie Kies, Bauschutt oder verdichteter Boden), müssen Sie einen Bodenaustausch vornehmen. Am besten eignet sich Oberboden, der je nach Beschaffenheit mit Kompost, Sand und organischem Dünger gemischt wird. Torf sollten Sie aus ökologischen Gründen vermeiden.

Vor dem Wiederverfüllen des Pflanzlochs lockern Sie dessen Sohle. Zum einen gewährleisten Sie so eine Verzahnung zwischen vorhandenem und aufbereitetem Substrat, zum anderen verbessern Sie die Entwässerung des Pflanzlochs. Ist der Untergrund stark verdichtet, heben Sie das Loch tiefer aus und bringen eine Dränschicht von 10 cm Dicke ein. Geeignete Materialien hierfür sind Grobkies, Tonscherben oder Blähton.

Wenn es keine Möglichkeit gibt, Pflanzen direkt in das Erdreich einzusetzen, müssen Sie sich mit Pflanzgefäßen behelfen. Es können dies im Handel erhältliche Tröge aus Holz, Eternit, Beton oder Kunststoff sein. Sie können aber auch Tongefäße verwenden, die allerdings nicht frostfest sind, oder sich, wie in der Arbeitsanleitung (vgl. S. x) beschrieben, ein Gefäß selbst bauen.

Wichtig sind auch hier eine ausreichende Größe (vor allem Tiefe), außerdem geeignetes, beständiges Material, eine funktionierende Entwässerung sowie speziell aufbereitete Pflanzsubstrate.

Benutzen Sie Pflanztröge, sollten Sie auf stark wachsende Kletterpflanzen verzichten. Es gibt eine Reihe schwach wüchsigere Sorten, deren dekorative Wirkung der ihrer wuchernden Artgenossen in nichts nachsteht. Beachten sollten Sie außerdem, daß Pflanzen in Trögen eine verstärkte Aufmerksamkeit hinsichtlich der Pflege verlangen.

Regelmäßiges Düngen und Wässern sowie Winterschutz sollten selbstverständlich sein. Vergessen Sie dabei nicht, immergrünen Kletterern auch im Winter ab und zu etwas Wasser zu geben.

Für die Dränage verwenden Sie am besten Blähton oder Kies. Dieser wird etwa 10 cm hoch in den Trog gefüllt, darüber legen Sie ein Vlies und füllen darauf das Substrat. Um eine einwandfreie Entwässerung zu erzielen, bohren Sie oberhalb der Dränschicht ein Loch, das verhindert, daß sich Niederschlagswasser anstaut und das Substrat vernäßt. Beim Kauf von handelsüblichen Pflanztrögen sollten Sie darauf achten, daß solch eine Entwässerungseinrichtung bereits vorhanden ist.

Dem Pflanzsubstrat können Sie noch etwas Blähton beimischen. Dadurch wird es strukturstabiler und sackt nicht so schnell zusammen. Der Handel bietet viele Erdsorten für Blumenkästen und andere Gefäße an. Wer weder einen Garten noch eine Bezugsquelle für Humus besitzt muß auf derartige Substrate zurückgreifen. Achten Sie auf geringen Torfanteil.

Wenn Sie Kletterpflanzen an einem stark frequentierten Standort ansiedeln wollen, sollten Sie das Pflanzbeet und die Pflanze selbst mit einem Schutzgitter versehen. Fertige Schutzgitter sind im Handel erhältlich und können mit Schrauben an der Hauswand befestigt werden. Eine weitere Möglichkeit ist, das Pflanzbeet als Hochbeet anzulegen.

Dazu kann man vorgefertigte Betonteile, sogenannte Winkel- oder L-Steine verwenden, Holzpalisaden setzen oder beispielsweise ein kleines Mäuerchen aus Ziegeln oder Natursteinen bauen. Sie können aber auch aus Pflastersteinen eine Beeteinfassung anlegen, indem Sie die angrenzenden Flächen langsam ansteigen lassen.

Das Beet ist so geschützt vor Betreten und Befahren und überdies verhindern Sie auf diese Weise, daß Hunde die Pflanzen überdüngen.

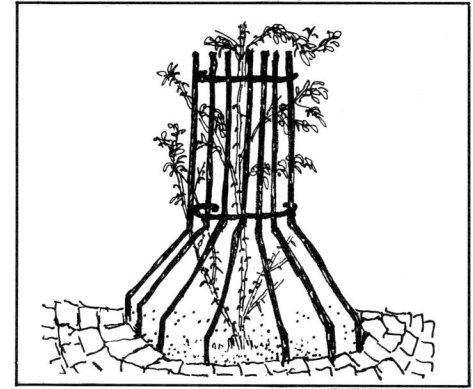

Schutzgitter

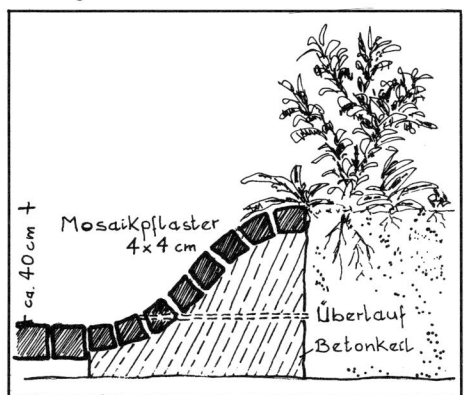

Hochbeet mit Pflanzbeetaufkantung

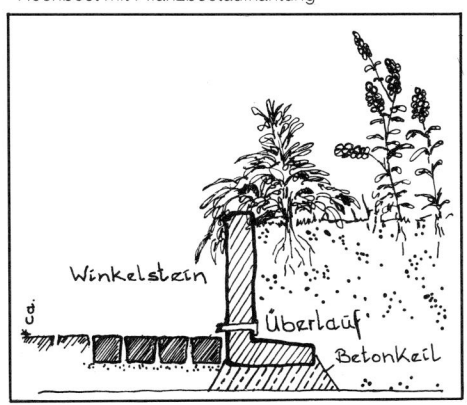

Hochbeet – andere Art

31

Pflanzen für das Dach

Trockenstandort

Alpiner Standort

Sedum

Da bei extensiven Begrünungen infolge des dünnen Schichtenaufbaus und der häufig extremen Lebensbedingungen hohe Anforderungen an die einzelnen Pflanzen gestellt werden, sollten Sie sich bei Ihrer Auswahl mit einem Spezialisten beraten. Weniger entscheidend sind der Ziercharakter der Pflanzen im herkömmlichen gärtnerischen Sinn, vielmehr geht es darum, bei einer nur wenige Zentimeter dicken Vegetationsschicht überhaupt Pflanzengesellschaften ansiedeln zu können. Beispiele solcher Pflanzengesellschaften finden sich in der Natur.

Ein wichtiger Faktor für pflanzliches Leben ist Wasser. Auf einem extensiv begrünten Dach ist Wasser gerade in der heißen Jahreszeit wenig vorhanden, da die Speicherfähigkeit der Vegetationsschicht aufgrund ihrer geringen Dicke beschränkt ist und einzig der natürliche Niederschlag zur Verfügung steht. Pflanzenarten sogenannter Trockenstandorte sind an diese Bedingungen angepaßt. Sie haben Mechanismen entwickelt, mit denen sie einem reduzierten Wasserangebot begegnen können. Manche von ihnen besitzen ähnlich den Sukkulenten in ihren Sprossenteilen und Blättern Speicherorgane, die für Trockenperioden Wasser ansammeln können. Ein Beispiel dafür sind die Sedum-Arten (Mauerpfeffer).

Weiterhin reduzieren solche Pflanzen die Verdunstung, indem sie ihre Blätter einrollen oder über einen Mechanismus verfügen, der es ihnen erlaubt, die Atemöffnungen ihrer Blätter zu schließen. Die meisten für Trockenstandorte geeigneten Arten besitzen zudem ein weitverzweigtes Wurzelwerk, das ihnen praktisch alle Wasserreserven im Boden erschließt.

Wassermangel tritt aber nicht nur im Sommer auf. Im Winter kann es bei sehr niedrigen Temperaturen zum völligen Durchfrieren der Vegetationsschicht kommen. Besonders immergrüne Pflanzen sind davon betroffen, da sie im Gegensatz zu sommergrünen ihre Lebensaktivitäten in der kalten Jahreszeit nicht völlig einschränken und daher auch im Winter Wasser benötigen.

Angepaßt an derart extreme Verhältnisse sind Pflanzen alpiner Lagen. Wie im Gebirge sind auch die Pflanzen auf dem Dach der Sonne ausgesetzt. Da sie auf der dünnen Substratschicht nicht so ins Kraut schießen wie beispielsweise in gärtnerisch angelegten und gepflegten Staudenbeeten, können sie sich nicht gegenseitig beschatten. Einzelne Pflanzen wie die Veronica spicata ssp. incana (Silberpolsterehrenpreis) haben darauf reagiert. Die Blätter dieser Pflanze sind von einem hellgrauen, haarigen Filz überzogen, der Sonnenlicht reflektiert.

In den folgenden Pflanzenlisten werden hauptsächlich Stauden aus heimischen Pflanzengesellschaften trockener Standorte vorgestellt. Diese Arten haben sich auf zahlreichen Dächern bewährt. Berücksichtigt sind auch Konkurrenzverhalten (gegenseitiges Verdrängen einzelner Arten) und Geselligkeitsansprüche (Pflanzung in Gruppen oder einzeln), ästhetische Aspekte wie Wuchsform und -höhe sowie Blütenfarbe und -zeit, die eine gestaffelte Pflanzung ermöglichen. Auch das Erscheinungsbild einzelner Pflanzen im Winter fand Eingang in die Tabellen.

Insgesamt wurden rund 150 Arten von Stauden und Zwiebelpflanzen ausgewählt. Gehölze wurden in einer eigenen Liste erfaßt. Die Zusammenstellung orientiert sich weitgehend an den heimischen (Halb-)Trockenrasengesellschaften. Sie bestechen durch ihre Artenvielfalt (darunter ein hoher Anteil von geschützten und gefährdeten Arten) und ihre Bedeutung als Lebensraum für die Tierwelt. Solche Pflanzungen sind ihrem Erscheinungsbild nach »natürlich«, etwas wild und nicht sehr bunt. Sie verändern sich durch Selbstaussaat und Zuwanderung anderer Pflanzen ständig, ihr Aussehen entspricht nicht dem eines gepflegten Blumenbeets. Dafür ist der Pflegeaufwand geringer und ihr Wert als ökologische Ausgleichsfläche höher anzusetzen als der von hochgezüchteten Staudenrabatten.

Beetstauden sind ungeeignet

Lebensraum für Tiere

Materialkunde

Container

Multitopfpalette

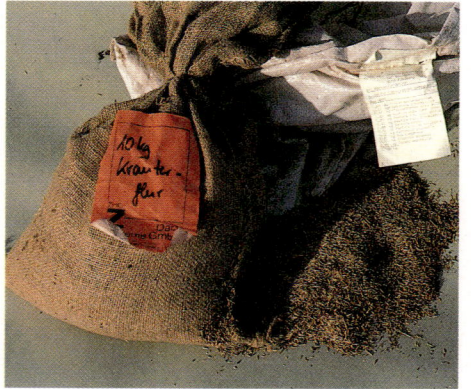

Saatgut

Bepflanzung eines Dachs

Sie haben verschiedene Möglichkeiten, Pflanzendekken zu schaffen:
– durch Ansaat von Stauden oder Gräsern
– durch Pflanzung von Stauden, Gräsern und Gehölzen als Topf-, Wurzel- oder Ballenware
– durch Ausstreuen von Sprossen (Pflanzenteile der Sedum-Arten)
– durch Vegetationsmatten.

Die Ansaat ist grundsätzlich immer möglich. Saatgut ist bereits fertig gemischt im Handel erhältlich. Da die Samen der einzelnen Arten aber sehr unterschiedlich in Größe und Gewicht sind, ist ein gleichmäßiges Ausbringen schwierig. Manche Arten sind außerdem schnellwüchsig oder schnellkeimend und können so langsamere Arten verdrängen. Ein Vorteil gegenüber den anderen Methoden besteht im vergleichsweise günstigeren Preis.

Trotzdem ist das Pflanzen von Gehölzen, Stauden und Gräsern vorzuziehen. Ein entscheidender Grund dafür ist, daß sich relativ schnell eine geschlossene Pflanzendecke herstellen läßt und man klar gestalten kann. Aufgrund der Tatsache, daß vorkultivierte Pflanzen bereits ein gewisses Wurzelvolumen besitzen, können Sie die Bewässerung in der Startphase reduzieren. Im Gegensatz dazu muß bei Saaten die Substratschicht vom Zeitpunkt der Aussaat an und speziell während der Keimphase bis zum vollständigen Anwachsen feucht gehalten werden. In der Regel sind die in der Pflanzenliste genannten Arten in guten Staudengärtnereien und Baumschulen erhältlich.

Für das Anwachsen der Pflanzen ist es von Vorteil, wenn sie in ihrem späteren Substrat bereits angezogen werden. Gerade bei Pflanzen, die aus einem torfhaltigen humosen Substrat in ein mineralisches gepflanzt werden, können sonst unter Umständen Anwachsschwierigkeiten auftreten.

Eine problemlose Art der Begrünung stellt das Ausstreuen von Sprossen dar. Die Pflanzenteile sind zwischen 3 und 5 cm lang und werden von sogenannten Mutterpflanzen »weggerupft«. Mit 20 bis 40 Stück/m² können Sie Flächen relativ leicht und preiswert begrünen.

Es sind auch eine ganze Reihe von Vegetationsmatten sowie andere vorkultivierte Elemente auf dem Markt, die alle mehr oder weniger teuer sind. Der Vorteil liegt im schnellen Erfolg der Arbeit. Vegetationsmatten und andere Elemente werden auf der Vegetationsschicht ausgerollt oder nebeneinandergestellt, dann angedrückt und bewässert. Eine spezielle Pflege in der Anwachsphase ist nicht vonnöten. Da das Gewicht von Vegetationsmatten mit etwa 20 kg/m² jedoch recht hoch ist, wird möglicherweise ein Autokran erforderlich sein, was die Kosten dieser Begrünungsform erhöht. Selbstverständlich lassen sich alle hier kurz beschriebenen Methoden zur Ansiedlung von Vegetation mischen. Vorkultivierte Elemente und Matten bieten etwa bei windexponierten oder hohen Dächern den Vorteil, daß gerade die gefährdeten Dachränder schnell begrünt und mit einer Auflast versehen werden, die dem Windsog entgegenwirkt. Die weniger vom Wind betroffenen Dachflächen können dann bepflanzt, eingesät oder mit Sprossen begrünt werden.

Die Kombination von Gehölz- und Staudenpflanzung zusammen mit Sprossenaussaat läßt eine große gestalterische Vielfalt zu. Man kann beispielsweise Höhepunkte auf bestimmte Dachbereiche konzentrieren und die Sprossen als ruhig wirkende Fläche ausbringen. Bei der Planung sollten Sie berücksichtigen, daß bei einer Kombination von Staudenpflanzung und Ansaat mit hohem Gräseranteil die Stauden oft von den meist höheren Gräsern überdeckt werden. Blüte und Blühfolge der einzelnen Staudenarten werden so kaum mehr wahrgenommen. In den nachfolgenden Pflanzlisten finden Sie nähere Informationen zu den einzelnen Arten. Über Planungsgrundsätze gibt Ihnen der entsprechende Grundkurs Aufschluß.

Vegetationsmatten

Vorgefertigte Pflanzelemente

Sprossen

Botanischer und deutscher Name	Standort	Höhe (in m)	Breite (in m)	Bemerkungen
Acer ginnala *Feuerahorn*	☀ – ◐	6	5	ext, Kü, Fruchtschmuck, Herbstf
Acer palmatum *Fächerahorn*	☀ – ◐	7	4	Kü, Herbstf
Amelanchier lamarckii *Kupferfelsenbirne*	☀ – ◐	8	6	ext, Kü, Blüte weiß, IV-V, rosa Austrieb, Früchte
Buddleia alternifolia *Sommerflieder*	☀ – ◐	3	4	Kü, Blüte lila VI, Brüstungen
Buddleia davidii-Hybriden *Schmetterlingsstrauch*	☀	4	2	Kü, Blüte violett bis weiß VII-X, Schmetterlinge
Caryopteris »Haevenly Blue« *Bartblume*	☀, g	1	1	ext, Kü, Blüte dunkelblau VIII-IX, Laub duftend
Cornus mas *Kornelkirsche*	☀ – ◐	8	5	Kü, Blüte gelb III-IV, Früchte, Herbstf gelb
Crataegus monogyna *Weißdorn*	☀ – ◐	7	4	ext, Kü, Blüte weiß V-VI, Früchte, Herbstf, Bienen, Vögel
Cytisus decumbens *Kriechginster*	☀	0,2	0,6	Kü, Blüte gelb V
Cytisus purpureus *Purpurginster*	☀	0,6	1	ext, Kü, Blüte purpur V-VI
Daphne »Somerset« *Seidelbast*	☀ – ●	1	1,5	Kü, Blüte rosa-weiß V-VI, Herbstf
Eleagnus x ebbingei *Wintergrüne Ölweide*	☀ – ◐, g	3	1,5	Kü, Blüte weiß X-XI, immergrün
Euonymus alatus *Kornspindel*	☀ – ◐	3	2	Kü, Blüte gelb V-VI, Fruchtschmuck, Herbstf, Zweige mit Korkleisten

Abkürzungen/Zeichenerklärungen

Standort:
☀ = Sonne, ◐ = Halbschatten,
● = Schatten, g = geschützter Standort

ext = für extensive Begrünung geeignet
Kü = Kübelpflanze
I, II, III... = Blütezeit/Monat
Herbstf = schöne Herbstfärbung

Botanischer und deutscher Name	Standort	Höhe (in m)	Breite (in m)	Bemerkungen
Euonymus planipes *Großfrüchtiges Pfaffenhütchen*	☼ – ◑	3	1,5	Kü, Blüte gelb V, Fruchtschmuck, Herbstf. orange-violett
Forsythia in Sorten *Goldglöckchen. Forsythie*	☼	3	2-3	Kü, Blüte gelb IV-V
Genista tinctoria *Färberginster*	☼	1	1	ext, Kü, Blüte gelb VI-VIII
Hydrangea aspera ssp. aspera *Samthortensie*	☼, g	3	1	Kü, Blüte rot VII-VIII
Jasminum nudiflorum *Winterjasmin*	☼ – ◑	1,5	1,5	ext, Kü, Blüte gelb XII-IV, Herbstf, Brüstungen
Kolkwitzia amabilis *Kolkwitzie*	☼ – ◑	3	3	Kü, Blüte rosa V-VI
Perovskia abrotanoides *Blauraute*	☼	1,5	1	Kü, Blüte lila VIII-X, Laub duftend
Photinia fraseriе *Glanzmispel*	☼, g	2	3	Kü, Blüte weiß V-VI, Früchte, immergrün
Prunus sargentii »Acolade« *Bergkirsche*	☼	10	8	Kü, Blüte rosa IV, Herbstf
Prunus tenella *Zwergmandel*	☼	2	2	ext, Kü, Blüte rosa IV-V
Rosa canina *Hundsrose*	☼ – ◑	3	3	ext, Blüte rosa VI, Bienen
Rosa carolina *Sandrose*	☼	3	2	ext, Blüte rosa VI-VII, Herbstf
Rosa glauca *Hechtrose*	☼ – ◑	3	3	ext, Blüte rosa VI

Abkürzungen/Zeichenerklärungen

Standort:

☼ = Sonne, ◑ = Halbschatten,
● = Schatten, g = geschützter Standort

ext = für extensive Begrünung geeignet
Kü = Kübelpflanze
I, II, III... = Blütezeit/Monat
Herbstf = schöne Herbstfärbung

Fächerahorn (Acer ginn.)

Kupferfelsenbirne (Amelanchier)

Schmetterlingsstrauch (Buddleia)

Früchte der Kornspindel (Euonymus)

Kornelkirsche (Cornus mas)

Jasmin (Jasminum)

Bergkirsche (Prunus)

Purpurginster (Cytisus purp.)

Hundsrose (Rosa canina)

Pflanzenkunde

Botanischer und deutscher Name	Standort	Höhe (in m)	Breite (in m)	Bemerkungen
Rosa pimpinellifolia *Bibernellrose*	☼	3	2	ext, Blüte weiß V-VI, Herbstf
Salix purpurea *Purpurweide*	☼ – ◐	4	3	ext, Blüte gelb-grün IV, Kätzchen
Tamarix pentandra »Rubra« *Tamariske*	☼	5	4	Kü, Blüte dunkelrot VII-IX, Brüstungen
Viburnum lantana *Wolliger Schneeball*	☼ – ●	5	3	ext, Blüte weiß V-VI, Früchte, Vögel, Herbstf

Nadelgehölze (Immergrüne)

Botanischer und deutscher Name	Standort	Höhe (in m)	Breite (in m)	Bemerkungen
Juniperus communis *Gemeiner Wacholder*	☼ – ◐	3	1,5	ext, Gewürzpflanze
Juniperus sabina *Sadebaum*	☼	1	4	ext
Juniperus sibirica *Sibirischer Wacholder*	☼	0,5	2	ext
Pinus mugo *Latsche*	☼ – ◐	6	4	ext
Pinus mugo mughus *Krummholzkiefer*	☼ – ◐	3	5	ext, Kü
Pinus mugo pumilio *Zwergkiefer*	☼ – ◐	1	2	ext, Kü
Pinus sylvestris »Waterer« *Silberkiefer*	☼	4	4	ext, Kü
Taxus baccata »Dovastoniana« *Eibe*	☼ – ●	10	6	Kü, Früchte und Samen giftig

Abkürzungen/Zeichenerklärungen

Standort:
☼ = Sonne, ◐ = Halbschatten,
● = Schatten, g = geschützter Standort

ext = für extensive Begrünung geeignet
Kü = Kübelpflanze
I, II, III... = Blütezeit/Monat
Herbstf = schöne Herbstfärbung

Stauden , Gräser, Zwiebeln

Botanischer und deutscher Name	Standort	Höhe (in cm)	Blütezeit (Monat)	Blütenfarbe	Bemerkungen
Achillea millefolium *Gemeine Schafgarbe*	☼	50	VI-IX	weiß, rosa	h
Adonis vernalis *Adonisröschen*	☼	20	IV	gelb	h, gesch
Allium atropurpureum *Purpurlauch*	☼	30	IV-VI	gelb	Zwiebel
Allium flavum *Gelber Lauch*	☼	20-30	VII-VIII	hellrot, rosa	Zwiebel
Allium moly *Goldlauch*	☼	80	VI	dunkelrot	Zwiebel
Allium schoenoprasum *Schnittlauch*	☼	20-30	VI-VII	rosa, violett	Zwiebel
Allium sphaerocephalum *Kugellauch*	☼	30-90	VII	purpur	Zwiebel
Alyssum montanum *Bergsteinkraut*	☼	15	V-VI	gelb	h, gef, gesch
Anchusa officinalis *Ochsenzunge*	☼	60	VI-IX	dunkelblau	h, gef
Anthemis tinctoria *Färberkamille*	☼	60	VI-IX	gelb	h
Anthericum lil ago *Graslilie*	☼	60	V-VI	weiß	h, gef
Anthericum ramosum *Ästige Graslilie*	☼	70	VI-VIII	weiß	h
Anthyllis vulneraria *Wundklee*	☼	50	IV-IX	gelb	h
Arabis hirsuta *Rauhe Gänsekresse*	☼	30	V-VII	weiß	h
Armeria maritima *Grasnelke*	☼	15	VI-VII	rosa	
Aster amellus *Bergaster*	☼	40	VII-X	blau, violett	h, gef, gesch

Abkürzungen/Zeichenerklärungen

Standort:

☼ = Sonne, ☼ = Halbschatten,

☀ = Schatten

h = heimisch
gef = gefährdet
gesch = geschützt

Purpurweide (Salix)

Fruchtschmuck der Hechtrose (Rosa glauca)

Wacholder (Juniperus)

Latsche (Pinus mugo)

Pflanzenkunde

Schafgarbe (Achillea)

Purpurlauch (Allium atr.)

Kugellauch (Allium sph.)

Bergsteinkraut (Alyssum)

Botanischer und deutscher Name	Standort	Höhe (in cm)	Blütezeit (Monat)	Blütenfarbe	Bemerkungen
Aster divaricatus *Weiße Herbstaster*	☼ – ☀	60	IX-X	weiß	
Aster lynosurus *Goldaster*	☼	60	VIII-IX	gelb	h, gesch, gef
Bouteloua gracilis *Moskitogras*	☼	30			
Briza media *Zittergras*	☼	20-50			
Buglossoides purpureum *Steinsame*	☼	30	IV-VI	rot, blau	h
Buphtalmum salicifolium *Ochsenauge*	☼	50	VI-VIII	gelb	h
Campanula glomerata *Büschelglockenblume*	◐	40	VI-VIII	dunkelblau	h
Campanula poscharskiana –	◐	15	V-VIII	hellila	
Campanula rapunculus *Rapunzelglockenblume*	☼	50	VI-VII	blaulila	h
Campanula rotundifolia *Rundblättrige Glockenblume*	☼	25	VI-X	blauviolett	h
Carex buchananii *Rote Segge*	☼	40			Gras
Carex humilis *Erdsegge*	☼	15			Gras
Carex montana *Bergsegge*	☼ – ◐	20			Gras
Centaurea jacea *Wiesenflockenblume*	☼	50	VI-IX	rosalila	h, Bienen
Centaurea scabiosa *Skabiosenflockenblume*	☼	70	VI-IX	karmin	h, Bienen
Cerastium tomentosum *Filziges Hornkraut*	☼	5-15	V-VI	weiß	

Abkürzungen/Zeichenerklärungen

Standort:
☼ = Sonne, ◐ = Halbschatten, ☀ = Schatten

h = heimisch
gef = gefährdet, gesch = geschützt

Pflanzenkunde

Botanischer und deutscher Name	Standort	Höhe (in cm)	Blütezeit (Monat)	Blütenfarbe	Bemerkungen
Chrysanthemum leucanthemum *Margerite*	☼	60	V-VI	weiß	h
Coronilla varia *Bunte Kronwicke*	☼ – ◐	40	VI-VII	rosa	h, Bienen
Dianthus carthusianorum *Karthäuser Nelke*	☼	50	VI-X	purpur	h, gesch, Schmetterlinge
Echium vulgare *Natternkopf*	☼	70	V-X	rot, blau	h, Bienen
Euphorbia cyparissias *Zypressenwolfsmilch*	☼	30	VI-VIII	gelb	h
Festuca glauca *Blauschwingel*	☼	25			
Festuca mairei *Atlasschwingel*	☼	60			
Festuca ovina *Schafschwingel*	☼	20-40			
Filipendula vulgaris Spierstaude	☼ – ◐	50	VI-VII	weiß	h
Fragaria vesca *Walderdbeere*	☼ – ◐	10	V-X	weiß	h, Früchte
Geranium dalmaticum *Dalmat. Storchschnabel*	☼ – ◐	10	VII-VIII	rosa	
Geranium sanguineum *Blutstorchschnabel*	☼	30	VII-VIII	karmin	h, Bienen
Globularia cordifolia *Kugelblümchen*	☼ – ◐	10	V	blau	h, gef
Helianthemum nummularium *Sonnenröschen*	☼	15	VI-IX	gelb	h, gef, gesch, Bienen
Helictotrichon sempervirens *Blaustrahlhafer*	☼	80			

Abkürzungen/Zeichenerklärungen

Standort:

☼ = Sonne, ◐ = Halbschatten, ● = Schatten

h = heimisch

gef = gefährdet, gesch = geschützt

Graslilie (Anthericum lil.)

Glockenblume (Campanula)

Margerite (Chrysanthemum)

Flockenblume (Centaurea)

Karthäuser Nelke (Dianthus)

Zypressenwolfsmilch (Euphorbia)

Natternkopf (Echium)

Walderdbeere (Fragaria)

Storchschnabel und Mauerpfeffer (Geranium und Sedum)

Pflanzenkunde

Botanischer und deutscher Name	Standort	Höhe (in cm)	Blütezeit (Monat)	Blütenfarbe	Bemerkungen
Hieracium aurantiacum *Orangerotes Habichtskraut*	☼	30	VI-VIII	orange	h, gesch
Hieracium pilosella *Kleines Habichtskraut*	☼	15	V-X	gelb	h
Hieracium piloselloides *Florentiner Habichtskraut*	☼	20-80	V-VIII	gelb	h
Hypericum perforatum *Echtes Johanniskraut*	☼	50	VII-IX	gelb	h, Bienen
Hyssopus officinalis *Ysop*	☼	30	VII-IX	blau	h, Heil- und Gewürzpfl., Bienen
Inula hirta *Behaarter Alant*	☼	40	VI-VII	gelb	h, gesch, Heilpfl.
Iris germanica *Deutsche Schwertlilie*	☼	50	V-VI	blau	h
Iris graminea *Grasschwertlilie*	☼	40	VI	violett	h, Heilpfl.
Iris barbata-nana *Zwergschwertlilie*	☼	10-30	IV-V	weiß, blau rot, gelb	Sorten
Iris pumila *Zwergschwertlilie*	☼	15	IV-V	blau, gelb	h
Koeleria glauca *Schillergras*	☼	15-30			
Lavendula angustifolia *Lavendel*	☼	30	VII-VIII	dunkelblau	
Linum flavum *Gelber Lein*	☼	20-30	V-VII	gelb	h, gesch, vom Aussterben bedr.
Linum perenne *Blauer Lein*	☼	50	V-VIII	blau	h, gef
Lotus corniculatus *Hornklee*	☼	20	II-VIII	gelb	h, Bienen

Abkürzungen/Zeichenerklärungen

Standort:
☼ = Sonne, ☼ = Halbschatten,
☀ = Schatten

h = heimisch
gef = gefährdet
gesch = geschützt

Botanischer und deutscher Name	Standort	Höhe (in cm)	Blütezeit (Monat)	Blütenfarbe	Bemerkungen
Lychnis viscaria *Pechnelke*	☼	40	V-VII	dunkelkarmin	h, gesch
Melica ciliata *Wimperperlgras*	☼	30-50			
Muscari botryoides *Kleine Traubenhyazinthe*	☼ – ☽	15	II-IV	violett	Zwiebel
Muscari racemosum *Traubenhyazinthe*	☼	10-20	III-IV	dunkelblau	Zwiebel
Nepeta x faassenii *Katzenminze*	☼	30	VI-IX	lilablau	Bienen
Origanum vulgare *Majoran*	☼	30	VII-VIII	lila	h, Heil- u. Gewürz- pfl., Bienen
Pennisetum compressum *Federborstengras*	☼ – ☽	60-80			
Pethroragia saxifraga *Felsennelke*	☼	20	VI-IX	rosa, weiß	h, gesch
Potentilla argentea *Silberfingerkraut*	☼	20	VI-VIII	gelb	h
Prunella grandiflora *Braunelle*	☼ – ☽	20	VII-IX	lila	h
Pulsatilla vulgaris *Küchenschelle*	☼	20	III-IV	violett	h, gef
Salvia pratensis *Salbei*	☼	50	VI-IX	violett, blau	h, Heilpfl.
Saponaria ocymoides *Seifenkraut*	☼	20	V-VIII	rot	h
Scabiosa canescens *Wohlriechende Scabiose*	☼	40	III-IV	violett	h, gesch

Abkürzungen/Zeichenerklärungen

Standort:
☼ = Sonne, ☽ = Halbschatten,
☀ = Schatten

h = heimisch
gef = gefährdet
gesch = geschützt

Pflanzenkunde

49

Orangerotes Habichtskraut (Hieracium au.)

Kleines Habichtskraut und Mauerpfeffer (Hierac. und Sedum)

Zwergschwertlilie (Iris barb.)

Schillergras (Koeleria)

Blauerlein (Linum per.)

Salbei und Schafgarbe (Salvia und Achillea)

Felsennelke (Pethroragia)

Wimperperlgras (Melica)

Küchenschelle (Pulsatilla)

Seifenkraut (Saponaria)

Pflanzenkunde

Scharfer Mauerpfeffer (Sedum acre)

Fetthenne (Sedum tele.)

Verschiedene Hauswurzen (Sempervinem)

Thymian (Thymus)

Wilde Tulpe (Tulipa)

Königskerzen (Verbascum)

Botanischer und deutscher Name	Standort	Höhe (in cm)	Blütezeit (Monat)	Blütenfarbe	Bemerkungen
Sedum acre *Scharfer Mauerpfeffer*	☼	5-10	VI-VIII	gelb	h, Sprossen
Sedum album *Weißer Mauerpfeffer*	☼	5	VI-VIII	weiß	h, Sprossen
Sedum floriferum »Weihenstephaner Gold« *Chinasedum*	☼	10	VI-VIII	gelb	Sprossen
Sedum reflexum *Tripmadam*	☼	20	VI-VIII	gelb	h, Sprossen
Sedum sexangulare *Milder Mauerpfeffer*	☼	5	VI-VIII	gelb	h, Sprossen
Sedum spurium *Kaukasus-Fetthenne*	☼	20	VI-VIII	rosa	h, Sprossen
Sedum telephium *Fetthenne*	☼	40	VIII-X	purpur	h
Sempervivum tectorum *Dachhauswurz*	☼	20	VI-VIII	rosa-purpur	h, gesch, gef
Silene vulgaris *Leimkraut*	☼ – ☽	30	V-IX	weiß	h
Thymus pulegioides *Feldthymian*	☼	5-20	V-IX	rosa	h, Heilpfl., Bienen
Thymus serpyllum *Sandthymian*	☼	5	V-IX	purpurrosa	h, gesch, Bienen
Tulipa sylvestris *Wilde Tulpe*	☼	30	IV	gelb	Zwiebel
Verbascum densiflorum *Großblütige Königskerze*	☼	130-180	VII-IX	gelb	h, Heilpfl., Insekten
Verbascum nigrum *Dunkle Königskerze*	☼	50-100	VI-VIII	dunkelgelb	h
Verbascum phoeniceum *Violette Königskerze*	☼	90	V-VIII	rot, violett, rosa	h, Insekten, ausgestorben
Veronica spicata *Ähriger Ehrenpreis*	☼	40	VII-VIII	blau	h, gef, Insekten

Abkürzungen/Zeichenerklärungen

Standort:
☼ = Sonne, ☽ = Halbschatten, ● = Schatten

h = heimisch
gef = gefährdet, gesch = geschützt

Pflanzenkunde

Ein Baum als natürliches Klettergerüst

Schlinger

Pflanzen für die Fassade

Kletterpflanzen, oft irreführend als Lianen bezeichnet, unterscheiden sich in Aufbau und Wuchs von allen anderen Pflanzen. Da sie dem bei manchen Arten durchaus beeindruckenden Längenwachstum kein adäquates Dickenwachstum entgegensetzen, können sich Kletterpflanzen nicht aus eigener Kraft aufrecht halten. In natürlichen Lebensgemeinschaften sind sie daher auf Stützpflanzen angewiesen, an denen sie Halt finden und in relativ kurzer Zeit weit empor klettern können. Es gibt einjährige und ausdauernde Arten. Die Einjährigen entwickeln sich innerhalb einer Vegetationsperiode von Samen über die Blüte zur Frucht und sterben dann ab; ausdauernde Arten hingegen können 30 und mehr Jahre alt werden. Für die Verwendung von Kletterpflanzen sind die Art und Weise ihres Kletterns sowie ihr eigentlicher Klettermechanismus von Bedeutung. Unterschieden werden sie in:

– Schlinger oder Winder
– Ranker, diese wiederum in Blatt- und Sproßranker mit den Sonderformen Blattstielranker und Ranker mit Haftscheiben
– Wurzelkletterer
– Spreizklimmer

Unter dem üblichen Begriff **Selbstklimmer** werden Wurzelkletterer (z.B. Efeu) und Ranker mit Haftscheiben (wie Wilder Wein, Parthenocissus tricuspidata »Veitchii«) zusammengefaßt. Diese benötigen auf Flächen mit leicht rauher Oberflächenstruktur keine weitere Kletterhilfe.

Schlinger oder Winder klettern, indem sie sich vorwiegend schraubig um senkrechte Kletterhilfen winden. Dieser Klettervorgang wird bei manchen Arten durch einen haarigen Bezug der Sproßteile unterstützt, der ein Abrutschen der Triebe verhindert (z.B. Hopfen).

Manche Arten winden sich rechts, manche links herum, was beim Befestigen der Pflanzen an Rankhilfen berücksichtigt werden sollte.

Blattstielranker (Clematis-Arten) winden sich mit ihren Blattstielen um geeignete Kletterhilfen von geringem Durchmesser.

Sproßranker haben ihre Blütenstände zu Greif- und Halteorganen entwickelt. Mit diesen winden sie sich um senkrechte oder waagrechte Rankhilfen. Die Ranken können wie etwa beim Wein Längen bis zu 4 m erreichen. Als Sonderform gibt es **Ranker mit Haftscheiben** (so selbstklimmender Wilder Wein), die beim ersten Kontakt mit der Unterlage ein Sekret absondern, das sie mit dem Untergrund verklebt. Dazu kommen Gewebewucherungen, die den Kontakt mit der Unterlage optimieren. Wenn die Pflanzen so ihren Halt gefunden haben, sterben die Haftorgane ab. Sind sie erst einmal verholzt, bieten sie den Pflanzen jahrelang elastischen Halt.

Wurzelkletterer, die zweite Gruppe der Selbstklimmer, bilden lichtfliehende Haftwurzeln, die sich mit Hilfe von feinen Härchen auf der Oberfläche verankern. Ein großes Problem stellt ihre Neigung dar, in feine Risse und Spalten einzudringen. Vertreter dieser Gruppe sind Efeu und Trompetenblume.

Die letzte Gruppe der hier zu behandelnden Klettergehölze sind die **Spreizklimmer.** Sie können sich weder um Gegenstände winden, noch besitzen sie Haftwurzeln oder -scheiben. Diese Pflanzen klettern, indem sie ihre meist leicht überhängenden Seitentriebe auf geeignete Gerüste legen, sich darauf quasi abstützen und so Sprosse für Sprosse emporklettern. Manche Pflanzen besitzen für den Klettervorgang geeignete Stacheln, Borsten oder Dornen. Typische Vertreter von Spreizklimmern sind Kletterrosen, Brombeeren oder Winterjasmin.

Andere Gehölze, die schnittverträglich sind und sich für Spaliere eignen, wie beispielsweise Forsythie oder Feuerdorn, werden hier nicht näher behandelt, da es sich nicht um Kletterpflanzen im eigentlichen Sinne handelt. Die Aufzucht eines Obstspaliers wird jedoch in einer Arbeitsanleitung näher erläutert.

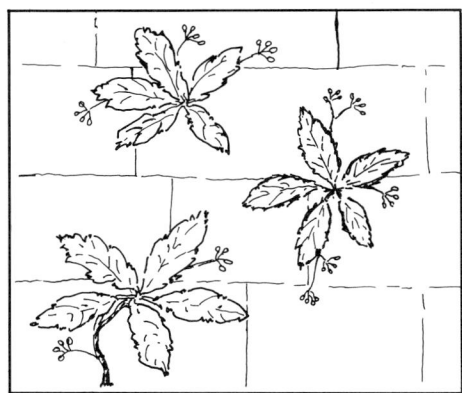
Ranker mit Haftscheiben

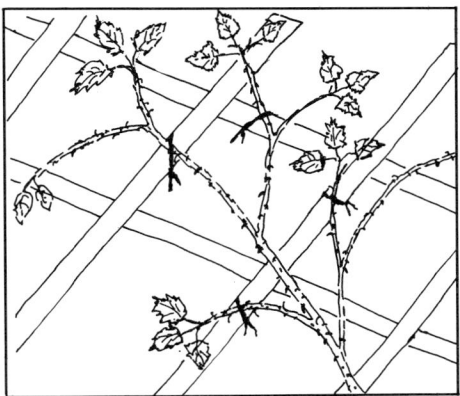
Spreizklimmer

Kletterrose

Mehrjährige Kletterpflanzen

Botanischer und deutscher Name	Standort	Höhe (in m)	Kletter-art	Blütezeit (Monat)	Blüten-farbe	Bemerkungen
Actinidia arguta *Strahlengriffel, Kleine Kiwi*	☼ – ☀	5-8	SCH	V-VI	weiß	für Fruchtertrag männl. u. weibl. Pflanzen notw.
Actinidia chinensis *Kiwi*	☼ – ☀	4-8	SCH	VI	weiß	Winterschutz
Akebia quinata *Akebie*	☼ – ☀	5-8	SCH	IV-V	purpur	
Aristolochia macrophylla *Pfeifenwinde*	☼ – ☀	6-10	SCH	VI-VII	gelb-grünl.	als Sichtschutz geeignet
Campsis radicans *Trompetenwinde*	☼	6-10	S	VII-IX	orange	für junge Pflanze Kletterhilfe
Celastrus orbiculatus *Baumwürger*	☼ – ☀	10-12	SCH	VI	gelbgrün	
Clematis alpina *Alpenwaldrebe*	☀	1-2	R	V-VI	violett-blau	
Clematis maximowicziana *Herbstwaldrebe*	☀	8-10	R	IX-X	weiß	
Clematis montana *Bergwaldrebe*	☀	6-8	R	V-VI	weiß, rosa	Sorte »Rubens«: rosa Sorte »Superba«: weiß
Clematis tangutica *Goldwaldrebe*	☀	2-3	R	VI	gelb	einzelne Nachblüten
Clematis vitalba *Echte Waldrebe*	☀	8-10	R	VIII-X	weiß	wuchert
Clematis viticella *Italienische Waldrebe*	☀	2-4	R	IV	purpurviolett	einzelne Nachblüten
Clematis-Hybriden –	☼ – ☀	2-4	R	VII-X	je nach Sorte	benötigt Schatten am
Fallopia aubertii *Knöterich*	☼ – ☀	8-12	SCH	VII-X	weiß	wuchert
Hedera helix *Efeu*	☀ – ●	20-30	S	IX-X	gelbgrün	immergrün
Humulus lupulus *Hopfen*	☼ – ☀	4-6	SCH	VII-VIII	grünlich	

Abkürzungen/Zeichenerklärung

☼ = Sonne, ☀ = Halbschatten, ● = Schatten, g = geschützter Standort

R = Ranker, S = Selbstklimmer, SCH = Schlinger, SP = Spreizklimmer

Pflanzenkunde

Botanischer und deutscher Name	Standort	Höhe (in m)	Kletter- art	Blütezeit (Monat)	Blüten- farbe	Bemerkungen
Hydrangea petiolaris *Kletterhortensie*	☀ – ◐	6-10	S	VI-VII	grünlich	Drähte als Kletterhilfe vorteilhaft
Jasminum nudiflorum *Winterjasmin*	☀ – ◐	2-3	SP	XII-III	gelb	
Lonicera brownii	☀	2-3	SCH	VI-IX	orange, rot	
Lonicera caprifolium *Jelängerjelieber*	◐	3-5	SCH	V-VI	gelb-weiß	Beerenschmuck
Lonicera x heckrottii *Feuergeißblatt*	◐	3-4	SCH	VI-IX	rot-violett	Beerenschmuck, Duft
Lonicera henryi *Immergrünes Geißblatt*	◐ – ●	3-4	SCH	VI-VIII	gelbrot	immergrün
Lonicera x tellmanniana *Goldgeißblatt*	◐	4-6	SCH	V-VI	orange-gelb	Beerenschmuck, Duft
Parthenocissus quinquefolia »Engelmannii« *Wilder Wein*	☀ – ◐	8-12	S	VI-VIII	weiß-grünl.	Herbstfärbung
Parthenocissus tricuspidata »Veitchii« *Wilder Wein*	☀ – ◐	10-15	S	VI-VII	gelb-grün	Herbstfärbung
Rubus henryi *Immergrüne Brombeere*	●	3-5	SP	VI	weiß	immergrün
Vitis vinifera *Echte Weinrebe*	☀ – ◐	10-15	R	V-VI	gelbl.-grün	Früchte nur in mildem Klima, Pflege notwendig
Wisteria floribunda *Blauregen*	☀ – ◐	6-10	SCH	V-VI	violett, blau, weiß	Duft
Wisteria sinensis *Blauregen*	☀ – ◐	6-15	SCH	V-IV	violett, blau	
Kletterrosen						
»Goldstern«	☀, g	2-3	SP	VI-X	gelb	Dauerblüher
»Gruß an Heidelberg«	☀, g	3	SP	VI-X	feurigrot	öfter blühend, Blüte gefüllt
»New Dawn«	☀, g	2-4	SP	VI-X	hellrosa	Blüte in Büscheln, Dauerblüher
»Paul's Scarlet Climber«	☀, g	3-4	SP	VI-X	tiefrot	Blüte in Büscheln
»Sympathie«	☀, g	3-4	SP	VI-X	dunkelrot	

Abkürzungen/Zeichenerklärung

☀ = Sonne, ◐ = Halbschatten,
● = Schatten, g = geschützter Standort

R = Ranker, S = Selbstklimmer,
SCH = Schlinger, SP = Spreizklimmer

Akebie

Pfeifenwinde (Aristolochia macro.)

Knöterich (Fallopia aub.)

Trompetenwinde (Campsis rad.)

Waldrebe (Clematis)

Efeu (Hedera helix)

Wilder Wein (Parthenocissus)

Herbstfärbung Wilder Wein

Brombeere (Rubus Henryi)

Echte Weinrebe (Vitis)

Blauregen (Wisteria)

Kletterrose

59

Ballonrebe (Cardiospermum)

Glockenrebe (Cobea)

Duftwicke (Lathyrus)

Prunkwinde (Ipomea)

Kapuzinerkresse (Tropaeleum pere.)

Schwarzäugige Susanne (Thunbergia)

Botanischer und deutscher Name	Standort	Höhe (in m)	Kletter-art	Blütezeit (Monat)	Blüten-farbe	Bemerkungen
Asarina barclaiana *Asarine*	☼, warm	2	R	VII-IX	rot, lila	für Balkone
Cardiospermum halicacabum *Ballonrebe*	☼ S-Seite	3	R		grün-weiß	Fruchtschmuck
Cobea scandens *Glockenrebe*	☼	4	R	VIII-X	violett, weiß	
Curcurbita pepo var. ovifera *Zierkürbis*	☼	6	R	VII-IX	gelb	Fruchtschmuck
Ipomea tricolor *Prunkwinde*	☼, g	14	SCH	VII-IX	blau-weiß	
Lagenaria siceraria *Flaschenkürbis*	☼	5	R	VI-IX	weiß	Fruchtschmuck
Lathyrus odoratus *Duftwicke*	☼	1-2	R	VI-IX	rot, weiß, lila	Schnittblume
Pharbitis purpurea *Purpurrote Prunkwinde*	☼	3	SCH	VI-IX	purpur	Blüte nur in den Morgenstunden offen
Phaseolus coccineus *Feuerbohne*	☼	3	SCH	VII-IX	rot, weiß	junge Frucht eßbar
Quamlocit lobata *Sternwinde*	☼	3-5	SCH	VII-IX	rot-weiß	
Thunbergia alata *Schwarzäugige Susanne*	☼	2	SCH	VII-X	gelb-orange	
Tropaeolum-Hybride *Kapuzinerkresse*	☼	3	R	VI-X	gelb-rot	Salatpflanze
Tropaeolum peregrinum *Zierliche Kapuzinerkresse*	☼	4	SCH	VI-X	gelb	

Abkürzungen/Zeichenerklärung

☼ = Sonne, ◑ = Halbschatten, ● = Schatten, g = geschützter Standort

R = Ranker, S = Selbstklimmer, SCH = Schlinger, SP = Spreizklimmer

Pflanzenkunde

Die wichtigsten Werkzeuge

8

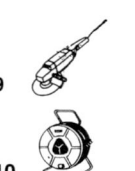

9

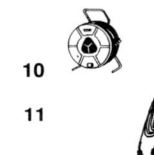

10

11

Auf diesen beiden Seiten finden Sie Kurzbeschreibungen der wesentlichen Werkzeuge, die Sie benötigen, um Fassaden und Dächer zu begrünen. Welche Werkzeuge Sie für einzelne Arbeitsgänge und -anleitungen brauchen, ersehen Sie aus den Abbildungen unter der Rubrik »Werkzeuge«, die Sie bei allen Arbeitsanleitungen finden.

8. Bohrmaschine mit Zubehör: Am besten geeignet ist eine Bohrmaschine mit Schlagbohreinrichtung zum Bohren in Mauerwerk. Wichtig ist rechts- linksdrehender Lauf für Schraubarbeiten. Für Arbeiten auf einer Leiter sind Akku-Bohrmaschinen besonders geeignet, da man durch kein Kabel behindert wird.

9. Winkelschleifer mit Zubehör: Zum Entrosten und Trennen von Metallteilen.

10. Kabeltrommel: Sollte für den Außenbereich geeignet sein und 50 m Kabel führen.

11. Bau-Elektrokabel: Zusätzlich zur Kabeltrommel für Arbeiten auf Leitern.

Werkzeuge zur Holz- und Metallbearbeitung

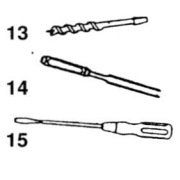

12

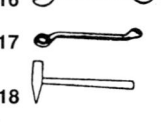

13

14

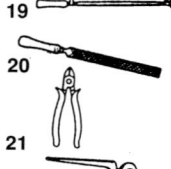

15

16

17

18

19

20

21

22

23

24

25

12. Fuchsschwanz: Diese Säge eignet sich zum Zuschneiden aller Arten von Holz.

13. Holzbohrer: Zum Vorbohren von Schraublöchern beim Bau von Holzterrassen oder Pflanztrögen.

14. Stemmeisen: Zum Ausstemmen von Holzteilen beim Fertigen von Überblattungen.

15. Schraubenzieher: Zum Eindrehen von Ringschrauben in Dübel und zum Anziehen von Schrauben.

16. Gabelschlüssel: Zum Festziehen von Bolzenschrauben und Muttern.

17. Ringschlüssel: Zum Festziehen von Schrauben und Muttern.

18. Hammer: Benötigen Sie zum Festklopfen von Nägeln.

19. Eisensäge: Zum Absägen von Gewindestangen und Alurohren. Wird am besten zusammen mit einem Schraubstock verwendet.

20. Metallfeile: Zum entgraten von Sägekanten bei Metallteilen.

21. Seitenschneider: Geeignet zum Abzwicken von Drahtseilen und Baustahl.

22. Beißzange: Zum Abzwicken von Spanndraht.

23. Drahtbürstenvorsatz: Damit entrostet man mit der Bohrmaschine Metallteile.

24. Schleifpapier: Zum Anschleifen von Holz oder Metall vor dem Anstrich.

25. Pinsel: Für Holz- und Rostschutz

Werkzeuge zum Messen und Richten

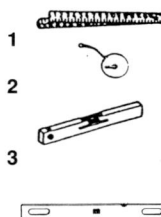

1

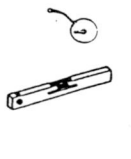

2

3

4

5

6

1. Meterstab: 2 m lang, zum Abmessen von Längen.

2. Maßband: 20 bis 40 m lang, zum Messen längerer Strecken.

3. Wasserwaage: Unerläßlich zur Bestimmung von Horizontalen und Vertikalen, darüber hinaus zur Festlegung von Höhen.

4. Alu-Setzlatte: Für die Höhenübertragung und zum Anzeichnen von Punkten auf Fassaden. Auch zum Abziehen der Ausgleichsschicht beim Verlegen von Platten.

5. Richtschnur: Zum Festlegen von Fluchten und Höhen bei Belagsarbeiten.

6. Bleistift: Zum Anzeichnen von Meßpunkten.

Elektrowerkzeuge

7

7. Handkreissäge: Zum Absägen stärkerer Holzprofile, zum Abkanten von Holzbelägen und zum Zuschneiden von Brettern und Paneelen.

sowie für Farbanstriche. Halten Sie sich ein Sortiment von Pinseln bereit.

Werkzeug für Dachbegrünungen

26. **Schaufeln:** Am besten abgestumpfte; zum Verteilen von Substrat und Kies, zum Füllen des Schubkarrens und zum Pflanzen von Sträuchern.

27. **Eisen- und Holzrechen:** Zum Planieren von Substrat- und Kiesflächen. Zum Säubern von Pflanzflächen bei Pflegearbeiten ebensogut geeignet.

28. **Schubkarren:** Für den Materialtransport nötig.

29. **Besen:** Zum Abkehren von Dachflächen und zum Einkehren von Plattenbelägen.

30. **Schere:** Geeignet für das Zurechtschneiden von Folien und Vlies, zum Teil auch von Dränbaustoffen.

31. **Teppichmesser:** Zum Schneiden von Dränbaustoffen, Gummischnitzelmatten und ähnlichem.

32. **Heißluftföhn:** Zu leihen bei Folienherstellern. Dient zum Verschweißen von Wurzelschutzfolien. Lassen Sie sich vom Fachmann genauestens einführen!

33. **Spritzflaschen:** Für das Quellverschweißen und zum Auftragen von Flüssigfolie. Bei Folienherstellern können Sie diese Flaschen kaufen.

34. **Kelle:** Zum Planieren der Ausgleichsschicht beim Plattenlegen oder Setzen von Mauerscheiben.

35. **Gummihammer:** Zum Festklopfen von Platten.

Werkzeug für Pflege und Pflanzung

36. **Spaten:** Zum Ausheben von Pflanzlöchern. Auf dem Dach nur mit äußerster Vorsicht verwenden!

37. **Spitzhacke:** Zum Lockern von Pflanzbeeten. Nicht auf dem Dach verwenden!

38. **Pflanzschaufel:** Für das Pflanzen von Stauden und Zwiebeln geeignet. Am besten stumpfe Geräte bei Arbeiten auf Dächern verwenden.

39. **Baumschere:** Zum Gehölzschnitt und zum Säubern von Staudenbeeten.

40. **Sense:** Zum Mähen von Gras-Kräuter-Dächern. Unerfahrene sollten besonders vorsichtig sein.

41. **Sichel:** Ist bei der Mahd von Gras-Kräuter-Dächern ein nützliches Hilfsmittel.

42. **Gießkanne:** Je nach Größe der Dachfläche geeignet für das Ausbringen von Flüssigdünger sowie für die Wässerung des Pflanzenbestandes.

43. **Rückenspritze:** Dient bei größeren Dächern zum Ausbringen von Flüssigdünger.

Sonstige Hilfsmittel

44. **Leiter:** Am sichersten sind Alu-Leitern; wird bei der Begrünung von Fassaden benötigt.

45. **Eimer:** Für den Materialtransport aufs Dach bei kleineren Mengen, auch zum Ausbringen von Saatgut und Sprossen.

46. **Seil:** Zum Hochziehen von Eimern auf das Dach.

47. **Winkelmaß:** Zum Ausrichten von Spalieren, Belagsecken und ähnlichem.

48. **Steinbohrer:** Für Bohrungen in Mauerwerk.

49. **Arbeitshandschuhe:** Um die Hände vor Verletzungen zu schützen.

50. **Schutzbrille:** Unbedingt nötig bei Arbeiten mit dem Winkelschleifer.

51. **Fäustel:** Benötigen Sie zum Einschlagen von Pflöcken.

52. **Schnur:** Brauchen Sie zum exakten Setzen von Eckplatten und zum Ziehen von Höhenschnüren beim Plattenlegen.

1

2

3

Schutzlage aus Vlies und Wurzelschutzfolie

Trennvlies

1. Nach Beendigung der Dachabdichtungsarbeiten - das Foto zeigt einen Fachmann beim Verschweißen des Abdichtungsmaterials beginnen Sie mit dem Verlegen der Schutzlage. Zunächst kehren Sie die Dachfläche sauber ab. Achten Sie besonders auf spitze oder kantige Gegenstände. Insbesondere für Foliendächer sind Blechabfälle, Steine, Nägel oder Schrauben sowie Zigarettenglut eine Gefahr.

2. Vlies verlegt man so, daß möglichst wenig Schnitt notwendig wird. Rollen Sie die Bahnware entlang der Längsseite des Dachs ab. Achten Sie darauf, daß das Vlies an Attika Hauswand immer auf die Höhe der Dachabdichtung hochgezogen wird. Überlappen Sie die Bahnen jeweils um 10 cm und schneiden Sie sie ab.

3. Dachdurchbrüche (Lichtkuppeln, Kamine etc.) müssen Sie aussparen. Über kleine Durchbrüche zieht man das Vlies einfach darüber, schneidet es ein bißchen kreuzförmig ein und zieht es herunter.

An Lichtkuppeln oder Kaminen rollen Sie das Vlies seitlich vorbei und schneiden es auf die richtige Länge zu. Dann schlagen Sie es der Länge nach um. Achten Sie darauf, daß der Falz unmittelbar am jeweiligen Dachdurchbruch liegt. Schneiden Sie die Bahn in der Breite des Durchbruchs ein und legen die Bahn wieder um. Das eingeschnittene Stück schneiden Sie ab.

Wenn ein Durchbruch zwischen zwei Bahnen liegt, verfahren Sie beidseitig auf die gleiche Weise. Vergessen Sie dabei aber die Überlappung nicht. Um jeden Durchbruch legen Sie einen Vliesstreifen (Vliesmanschette), den Sie bis zur Aufkantung der Dachabdichtung hochziehen und der die Vliesbahnen um 10 bis 20 cm überlappen soll.

Verlegen Sie das Vlies so faltenfrei wie möglich. Wenn

Sie nicht gleich mit Dränage oder Wurzelschutzfolie weiterarbeiten können, beschweren Sie das Vlies beispielsweise mit Dielen oder Kanthölzern, damit der Wind nicht Ihre Arbeit zerstört.

Wurzelschutzfolie

Es sind Folien mit 8 m Bahnenbreite auf dem Markt. Damit lassen sich kleine Dächer recht einfach auslegen. Für größere Dächer (Wohnhaus) sowie thermische Verschweißungen hingegen sollten Sie eine Fachfirma beauftragen. Viele Folienhersteller lassen ihre Produkte überhaupt nur von Fachfirmen verarbeiten. Für manche Zwecke (z.B. Carports) reicht es aus, wenn Folien quellverschweißt werden. Mit etwas Übung und Anleitung durch einen Fachmann läßt sich diese Arbeit gegebenenfalls auch selbst tun.

4

4. Für das Auslegen der Wurzelschutzfolie gilt dasselbe wie für das Vlies. Legen Sie Bahn an Bahn mit 10 cm Überlappung, ziehen Sie die Folie an der Dachaufkantung bis auf die Höhe der Abdichtung und verfahren Sie an Durchbrüchen in der gleichen Weise wie zuvor beim Verlegen des Vlieses.

5. Für das Quellschweißmittel benötigen Sie eine Spritzflasche mit Schraubpinsel, eine zweite Flasche für Flüssigfolie und einen Lappen. Reinigen Sie die Überlappungsstellen der Folie, sie müssen staubfrei sein. Arbeiten Sie nur bei trockenem Wetter nicht unter 10°C. Beachten Sie sämtliche Verarbeitungshinweise des Herstellers genauestens.

5

6. Arbeiten Sie seitlich zur Naht und bewegen Sie sich langsam rückwärts (Vorsicht Dachrand!). Mit einer Hand führen Sie die Flasche mit Quellschweißmittel so die Naht entlang, daß die Folien beidseitig damit benetzt werden. Mit der anderen Hand üben Sie Druck auf die Bahnen aus und verbinden Sie auf diese Weise. Arbeiten Sie so gleichmäßig die Naht entlang. Wenn Sie eine Naht fertiggestellt haben, überprüfen Sie sie, indem Sie mit einem Schraubenzieher daran entlang fahren. Können Sie nirgendwo eindringen, haben Sie sauber gearbeitet. Wenn nicht, müssen Sie die fehlerhaften Stellen nochmals verschweißen. Ist die Naht dicht, bringen Sie in einem dünnen Streifen über der Naht Flüssigfolie auf, so daß sich ein kleiner Wulst bildet.

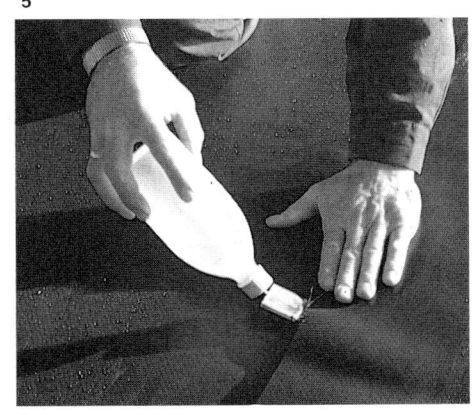

6

1

2

3

Dränage aus Platten, Matten oder Bahnen

Bevor Sie die Dränageschicht (= Dränschicht) genannt einbauen, sollten Sie eine Lage Vlies auslegen. Verwenden Sie ein Vlies von etwa 200 bis 300 g/m².

1. Dränplatten aus Polyäthylen-Schaumflocken oder Polystyrol verlegen Sie in Reihen auf Stoß. Legen Sie die Dachfläche vollständig aus.

Mit einem scharfen Messer (Teppichmesser) können Sie die Platten leicht zurechtschneiden. Bei Polystyrol-Platten können Sie auch einen Fuchsschwanz verwenden. Manche Platten haben unterseits eingeprägte Rillen. Verlegen Sie diese Platten so, daß die Rillen in Gefällerichtung liegen. Einige Dränplatten sind bereits vliesbeschichtet und haben einen seitlichen Vliesstreifen. Diesen Vliesstreifen legen Sie auf die »Nachbarplatte« um und beschweren ihn mit etwas Substrat. Nicht vlieskaschierte Dränplatten müssen Sie vor dem Aufbringen von Substrat mit Vlies abdecken.

Die Platten sind 0,5 x 1 m bis 1 x 1,5/2 m groß.

2. Fadengeflechtmatten werden meist als Rollenware (1 x 10 m) angeboten. Legen Sie Bahn an Bahn dicht nebeneinander und klappen den seitlichen Vliesstreifen um. Ziehen Sie nun die Bahnen an den Dachaufkantungen auf die Höhe des späteren Kiesstreifens hoch und schneiden Sie sie mit einem (Teppich-) Messer ab.

3. Dränelemente aus festem Polyäthylen mit und ohne Wasseranstau werden im Prinzip gleich verlegt wie Dränplatten. Dränelemente gibt es in Größen von 1 x 1 / 1,5 / 2 m. Legen Sie ein Element neben das andere. Schneiden Sie es an Dachdurchbrüchen und -rändern mit einem stabilen Messer zurecht und legen Sie die Dachfläche vollständig aus.

Füllen Sie die Dränelemente dann mit dem vom Hersteller mitgelieferten Schüttbaustoff auf. Anschließend decken Sie die Fläche mit Vlies ab.

Vegetationsschicht und Kiesstreifen aufbringen

1

1. Mit einem Schrägaufzug können Sie in Handarbeit Schüttbaustoffe (wie Substrat und Kies) auf das Dach bringen. Dazu müssen Sie mindestens zu zweit sein. Stellen Sie den Schrägaufzug so auf, daß er Ihnen kürzeste Wege auf dem Dach ermöglicht, aber auch gut mit Material zu beschicken ist.
Lassen Sie das Material neben dem Schrägaufzug abkippen und schaufeln Sie den Schüttkübel (200 kg Fassungsvermögen) voll. Fahren Sie dann diesen nach oben. Auf dem Dach wird ein Schubkarren so postiert, daß der Inhalt des Schüttkübels direkt in ihn entleert werden kann. Bei größeren Dachflächen mit weiteren Entfernungen kann es notwendig sein, zu zweit auf dem Dach zu arbeiten. Sie können das Material aber auch mit einem Selbstlader liefern und auf die Dachfläche heben lassen. Bei Garagen beispielsweise ist es möglich, mit dem Bagger das Material gleichmäßig auf der Fläche zu verteilen. Es muß dann nur noch mit einer Schaufel planiert werden.
2. Laden Sie das Material Schubkarrenladung neben Schubkarrenladung ab. Um Vlies und Dränage nicht zu beschädigen, fahren Sie am besten über dachseits verlegte Holzdielen. Lassen Sie genügend Platz für den Einbau des Kiesstreifens frei. Kontrollieren Sie während des Planierens (mit Rechen oder Schaufel) die Schichtdicke mit dem Meterstab; für Staudenpflanzung und Saaten sind 10 cm Substratdicke ausreichend, für Bereiche mit Gehölzen 40 bis 50 cm. Reine Sprossenbegrünungen kommen mit 3 bis 5 cm Substrat aus.
Für den Kiesstreifen entlang der Dachränder und um Dachdurchbrüche verwenden Sie gewaschenen Kies der Körnung 16/32. Dieser wird in einer Breite von etwa 40 cm und einer Dicke von ungefähr 10 cm aufgebracht und sauber planiert.

2

1

2

3

Platten verlegen

1. Für Terrassen und Wege auf dem Dach eignen sich Beton-, Klinker- sowie Natursteinplatten. Industriell gefertigte wie auch Natursteinplatten werden auf eine etwa 5 cm dicke Ausgleichsschicht (z.B. Lavasplitt) verlegt; die Vorgehensweise ist jedoch unterschiedlich. Generell gilt, daß der Belag immer ein Gefälle von ungefähr 1,5 bis 2 Prozent vom Haus weg in Richtung Dacheinlauf haben.

2. Bei Türanschlüssen oder bei Abschlußblechen entlang von Hauswänden und Attika bleiben Sie etwa 15 cm unter diesen. Planen Sie Belagflächen auf Ihrem Dach, sollten Sie stets Schüttbaustoffe verwenden. Die Praxis hat gezeigt, daß sich Platten auf dem Dach ohne weiteres auch auf mineralische Substrate oder Substrate auf Blähtonbasis verlegen lassen, die Sie gleichzeitig als Pflanzsubstrat verwenden können.

3. Beim Verlegen von Beton- oder Klinkerplatten müssen Sie die Ausgleichsschicht völlig plan abziehen, bevor Sie die Platten verlegen. Sie benötigen dazu mindestens zwei gerade Metallrohre sowie Bretter oder Richtlatten. Um die Höhenpunkte, die Sie für das Spannen einer Höhenschnur benötigen, zu bestimmen, legen Sie jeweils eine Platte auf die ungefähren Eckpunkte des Belags (in Fertighöhe!). An Türen und Attiken ist dies 15 cm unter Oberkante Dachdichtung. Von diesen Fixpunkten aus bestimmen Sie dann mit einer Setzlatte den nächsten Punkt mit Gefälle. Planieren Sie die Ausgleichsschicht so weit ein, daß Sie die Eckplatte darauf verlegen können.

Sie klopfen die Platte nun fest und überprüfen, ob Sie höhenmäßig stimmt. Dazu messen Sie mit der Setzplatte zum Fixpunkt zurück und beziehen das Gefälle in Ihre Berechnungen ein. Gegebenenfalls korrigieren Sie die Höhe der Platte dementsprechend. Nun können

Sie die Höhenschnur über die beiden verlegten Platten hinwegspannen. Auf diese Art und Weise richten Sie alle für die Belagfläche notwendigen Eckpunkte ein.

4. Nachdem Sie die Schnüre gespannt haben, bauen Sie darunter die Rohre ein. Die Einbauhöhe richtet sich nach dem verwendeten Belagsmaterial und ergibt sich aus der Plattendicke minus 5 mm. Bei einer Plattendikke von 5 cm bauen Sie die Rohre 4,5 cm unter Schnur ein. Die entstehende Höhendifferenz wird später durch Klopfen mit einem Gummihammer ausgeglichen.

4

Sind die Rohre eingebaut, ziehen Sie die dazwischen liegende Fläche plan ab. Ziehen Sie dazu die Setzplatte hochkant über die Rohre und bewegen Sie sie dabei leicht nach links und rechts. Vor der Latte sollte sich immer ein kleiner Wall mit Ausgleichsmaterial befinden, damit vorhandene Mulden ausgefüllt werden. Wenn Sie die Fläche abgezogen haben, nehmen Sie die Rohre wieder heraus und füllen die so entstandenen Rinnen mit Ausgleichsmaterial auf.

5.

5. – 6. Auf die so vorbereitete, ebene und gefällegerechte Ausgleichsschicht verlegen Sie reihenweise die Platten und lassen jeweils eine Fuge von etwa 0,5 cm. Beton- und Klinkerplatten werden »vorwärts« verlegt, das heißt, man bewegt sich auf der bereits verlegten Fläche, um die abgezogene Ausgleichsschicht nicht zu zerstören. Kehren Sie die Fugen zwischen den Platten immer gleich mit etwas Brechsand ein, damit sie nicht mehr verrutschen können. Sie verhindern so auch ein Kippen der Platten beim Betreten.

6

7. Beim Verlegen von Natursteinmaterial legen Sie die Höhen wie unter Punkt 2 beschrieben fest. Gearbeitet wird in diesem Fall jedoch »rückwärts«, es wird also von der bereits verlegten Fläche weg gearbeitet. Für jede einzelne Platte wird mit der Maurerkelle das Bett in passender Höhe zurechtgeschoben. Legen Sie dann die Platte auf die Ausgleichsschicht und klopfen Sie sie mit dem Gummihammer fest. Überprüfen Sie, ob die Platte satt aufliegt. Nach dem Verlegen einiger Platten schieben Sie die Setzlatte über die verlegte Fläche an eine Höhenschnur. Die Unterkante der Latte muß mit dieser übereinstimmen, die Belagfläche darf keine Mulden oder Überhöhungen aufweisen.

7

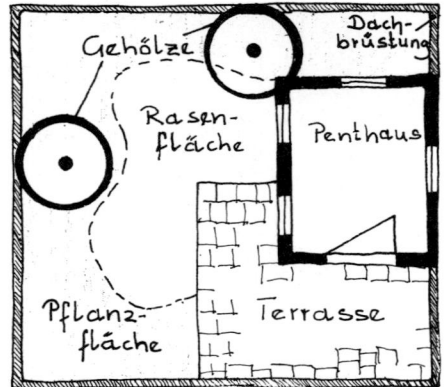

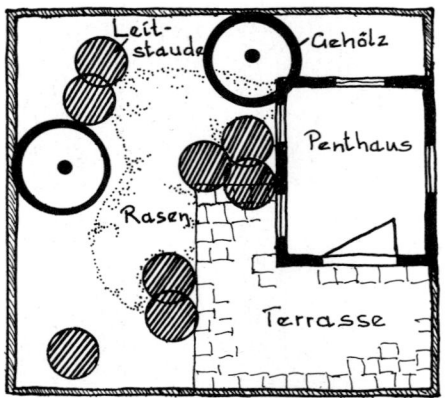

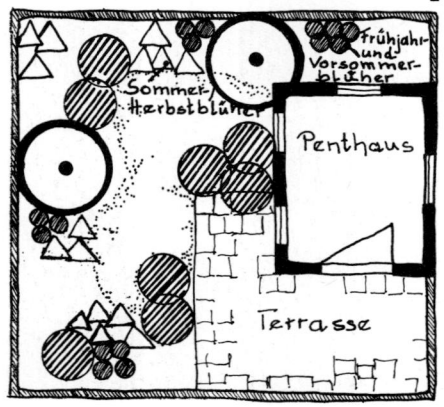

Pflanzplan für ein Dach

Als kleine Hilfe bei der Anlage von Pflanzungen auf Dächern einige Planungsgrundsätze: Planen Sie eine extensive Begrünung mit geringer Substratdicke (7 - 10 cm, etwa Garagendach), bei der nur Stauden gepflanzt werden, müssen Sie von einem Pflanzenbedarf von 10 bis 15 Stück/m² ausgehen. Für höherwüchsige Arten wird eine geringere Stückzahl benötigt.

Bezüglich der Artenvielfalt (wie viele verschiedene Arten man auf das Dach pflanzt), gibt es keine Faustregel. Bei Flächen ab der Größe eines Garagendachs können Sie von ein bis zwei verschiedenen Arten pro Quadratmeter ausgehen. Auf einem Garagendach von etwa 20 m² können Sie dementsprechend zwischen 20 und 40 Arten verwenden. Der Pflanzenbedarf liegt hier bei insgesamt 200 bis 300 Stück. Bei kleineren Flächen von 1 bis 2 m² (Müllhäuschen) können Sie durchaus mehr Arten verwenden.

Von großer Wichtigkeit ist die Verwendung von Sedum-Arten. Auch bei Rasenflächen sowie Gehölz- oder Staudenpflanzungen sollten Sie Sedum unbedingt einbringen. Entweder Sie pflanzen diese Art, wobei der Anteil bei rund 30 Prozent der Gesamtstückzahl liegen sollte, oder Sie bringen sie als Sprossen gleichmäßig über die Gesamtfläche aus.

1. – 4. Bei der Auswahl der Pflanzen sollten Sie vor allem auf Standort (☼ ☽ ✳), Blütenfarbe und Blütezeit achten. Höhere Stauden mit auffallender Blüte oder schönem Wuchs und höhere Gräser können als sogenannte Leitstauden gruppenweise verteilt werden.

Diesen werden dann Arten zugeordnet, die im Frühjahr und Vorsommer blühen. Dabei sollten Sie beachten, diese Pflanzen nicht zu sehr auf einen Punkt zu konzentrieren. Vielmehr sollten die im Sommer oder Herbst blühenden Stauden Frühlings- und Vorsommerblüher verdecken können, von denen nach der Blüte an der Oberfläche nichts mehr sichtbar bleibt.

Bei Auswahl und Kombination der Pflanzen sollten Sie vor allem Farbe und Höhe berücksichtigen. Gleichmäßig hohe Staudenpflanzungen wirken schnell wie ein Dickicht und zu bunte Anordnungen unnatürlich. Verwenden Sie als »Dämpfer« dazwischen weißblühende Stauden oder Gräser und staffeln Sie die Pflanzung, indem Sie höhere zu niedrigeren setzen.

5. Wenn Sie eine größere Dachterrasse mit viel Platz zur Verfügung haben, können Sie natürlich das ganze Spektrum von Gehölzpflanzung, Stauden und Saat miteinander kombinieren. Dabei sollten Sie die Gehölze als Rahmen verstehen und nicht mehr als 30 Prozent Nadelgehölze verwenden. Mit den Gehölzen können Sie Ihre Dachfläche strukturieren und bestimmte Punkte (etwa Terrasse) mit besonders ausgesuchten Arten (sogenannten Solitärgehölzen) betonen. Diesen Gehölzpflanzungen können Sie dann in der oben beschriebenen Art Staudenpflanzungen zuordnen.

Achten Sie bei Pflanzungen immer darauf, daß sie nicht zu schematisch wirken, zu gleichmäßig oder gerade. Bei einer größeren Dachfläche kann es durchaus sinnvoll sein, eine kleine Rasenfläche anzulegen. Gerade der Wechsel zwischen Gehölz, Stauden und Rasenfläche bietet interessante Aspekte bei der Gestaltung eines Dachgartens. Verwenden Sie dazu eigens gemischte Dachbegrünungssaaten. Zierrasen ist den extremen Verhältnissen nicht angepaßt und würde einen hohen Aufwand an Pflege (wässern!) verlangen.

6. Reine Ansaaten mit Gras-/Kräutermischungen und Sedum werden mit im Handel erhältlichen Saatgutmischungen durchgeführt. Wichtig ist, eine ausreichende Menge pro Quadratmeter auszubringen und den Wuchs mit entsprechender Pflege zu begleiten. Säen Sie nicht zu dicht, um zu erreichen, daß die Sedum-Sprossen und Kräuter sich gut entwickeln können. Verwenden Sie keine Mischungen mit hohem Gräseranteil, sondern achten Sie auf einen gewissen Artenreichtum bei den Kräutern. Säen Sie zu viele Gräser, entsteht während Trockenperioden schnell der Eindruck einer Steppe, da sich die Gräser dann braun färben.

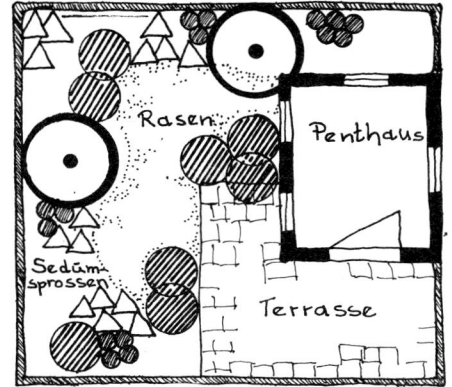

4

5

6

Pflanzarbeiten

In der Regel gilt, daß die günstigsten Jahreszeiten zum Pflanzen Frühjahr sowie Herbst sind. Es sollten weder Frost noch Temperaturen über 15° herrschen, da ansonsten ein gutes Anwachsen nicht gewährleistet ist. Dies gilt vor allem für Laubgehölze ohne Ballen, die Pflanzzeit für Containerware (Pflanzen in Töpfen) kann indessen wesentlich verlängert werden. Bei entsprechender Pflege, das heißt ausreichender Bewässerung während der Anwachsperiode, können Sie die im Topf angezogenen Pflanzen mit Wurzelballen auch während der Sommerzeit pflanzen.

1. Bevor Sie mit dem Pflanzen beginnen, sind verschiedene Vorarbeiten zu leisten. Bei **Gehölzen** ohne Ballen werden in der Regel sowohl die oberirdischen Triebe als auch die Wurzeln mit einer scharfen Gartenschere eingekürzt. Mit dem Wurzelschnitt wird die Bildung von feinen Haarwurzeln unterstützt, die der Nahrungs- und Wasseraufnahme der Pflanze dienen.

Besonders wichtig ist es, zu lange und beschädigte Wurzeln einzukürzen. Die Schnittflächen sollen dabei immer nach unten zeigen. Bei den Gehölzen werden entweder vor oder nach dem Pflanzen schwaches oder beschädigtes Holz entfernt und die verbleibenden Triebe um ungefähr ein Drittel bis ein Halb eingekürzt. Dazu benutzen Sie ebenfalls eine scharfe Schere, denn mit stumpfem Werkzeug, das mehr reißt als schneidet, fügen Sie der Pflanze leicht Schaden zu.

2. Bei **Container- und Ballenware** entfällt das Schneiden der Wurzeln. Pflanzen Sie diese während der regulären Pflanzzeit (Frühjahr/Herbst), ist auch ein Zurückschneiden der Triebe nicht unbedingt erforderlich. Führen Sie jedoch die Pflanzung während der Sommermonate durch, ist ein Zurückschneiden der Triebe um ein Drittel bis ein Halb unbedingt empfehlenswert.

1

2

3. Bei **Stauden**, die entweder in kleinen Töpfen oder Multitopfpaletten angeboten werden, entfallen meist jegliche Schnittmaßnahmen. Eine Ausnahme bilden Pflanzen, die im Verhältnis zum Wurzelvolumen zuviel Blattmasse aufweisen. In diesem Fall wird die Blattmasse durch Schnitt reduziert.

4. Als nächstes entfernen Sie die Töpfe Ihrer Containerpflanzen. Dabei sollten Sie darauf achten, daß die Erdballen erhalten bleiben und nicht durch unsachgemäße Behandung kaputtgehen, so daß die Wurzeln mehr oder weniger bloß daliegen. Besonders vorsichtig muß man bei Pflanzen sein, die entweder den Topfballen noch nicht richtig durchwurzelt haben oder bereits so stark entwickelte Wurzeln aufweisen, daß ein Herausnehmen aus dem Topf nur noch mit Mühe möglich ist. Im Notfall schneiden Sie lieber den Container auf, bevor Sie mit Gewalt an der Pflanze ziehen. Bei Ballenware schneiden Sie vorsichtig das Ballentuch auf, und zwar am besten mit einem scharfen Messer. Beachten Sie aber, daß Sie dabei nicht versehentlich den Stamm bzw. das Holz der oberirdischen Triebe verletzen.

Der Ballen sollte so weit durchwurzelt sein, daß er auch nach dem Aufschneiden des Ballentuchs zusammenhält. Ein völliges Entfernen des Tuchs ist jedoch nicht erforderlich, da es mit der Zeit im Boden verrottet.

Lassen Sie die so vorbereiteten Pflanzen nicht für längere Zeit auf dem Dach liegen, da sie durch Sonnenbestrahlung und Wind leiden. Dies gilt besonders für Wurzelware, aber auch Container- und Ballenware dankt es Ihnen, wenn Sie sie durch Matten, Säcke, Leinentücher oder ähnliches bis zum Einpflanzen schützen.

5. Sind die Wurzeln der Pflanzen durch Transport oder längeres Lagern auf dem Dach ausgetrocknet, sollten Sie sie vor dem Pflanzen in ein Gefäß mit Wasser tauchen. Dies gilt sowohl für Wurzelware (Sträucher, Rosen) als auch für Container- und Ballenware. Bei stark ausgetrockneter Wurzelware können Sie die Pflanzen auch eine Weile im Tauchbad belassen, bis sie sich richtig mit Wasser vollgesaugt haben.

Allgemein gilt, daß Gehölze so tief gepflanzt werden müssen, wie sie in der Baumschule oder Gärtnerei standen. Die Wurzeln müssen vollkommen vom Pflanz-

3

4

5

6

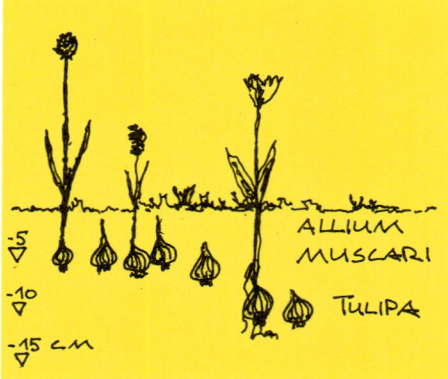

PFLANZTIEFE VON ZWIEBELPFL. 7

8

substrat umschlossen sein. Dies gilt im übrigen auch für Container- und Topfware. Beim Pflanzen von Rosen ist darauf zu achten, daß die Veredlungsstelle unter der Erde sitzt. Nach dem Pflanzen werden die Rosen mit Erde angehäufelt. Erst nach dem Durchtreiben wird die angehäufelte Erde vorsichtig wieder entfernt.

6. Für Gehölze mit Ballen heben Sie ein Pflanzloch aus, das etwa eineinhalbmal so groß ist wie der Ballen. Bei der Benutzung von Spaten, Pflanzschaufel und ähnlichen Geräten auf dem Dach ist äußerste Vorsicht geboten, damit Sie nicht die Dachabdichtung verletzen. Dies hätte nämlich ein undichtes Dach zur Folge. Verwenden Sie daher am besten stumpfes Werkzeug! Nun setzen Sie den Ballen vorsichtig in das Pflanzloch hinein und bedecken ihn mit dem Substrat, das Sie vorher aus dem Pflanzloch herausgeholt haben. Drükken Sie das Substrat anschließend leicht an und formen Sie um den oberirdischen Trieb einen Gießrand, in dem sich das Gieß- und Niederschlagswasser sammeln kann. Stauden können entweder mit der Hand oder aber mit einem kleinen Pflanzschäufelchen gepflanzt werden. Achten Sie bei der Verwendung von Pflanzschäufelchen wiederum auf die nötige Vorsicht.

7. Knollen- und Zwiebelpflanzen werden im Herbst oder Frühling gelegt, und zwar in einer Tiefe, die etwa der dreifachen Zwiebel- bzw. Knollenhöhe entspricht. Mit der Hand machen Sie dafür ein kleines Loch im Substrat, legen die Zwiebel oder Knolle hinein und decken diese wieder mit dem Pflanzsubstrat zu.

8. Zum Schluß werden sämtliche Pflanzen gut angegossen. Verwenden Sie dazu eine Gießkanne oder einen Gartenschlauch mit Sprühdüse, da ansonsten die Gefahr besteht, daß Sie das Substrat mit einem zu dicken Wasserstrahl wegschwemmen und somit die Wurzeln der Pflanzen oder die Zwiebeln und Knollen wieder freilegen.

Bei der Pflanzung von Topf- und Containerware kann je nach Witterung eine einmalige Beregnung für das Anwachsen ausreichen. Haben Sie allerdings Saatgut oder Sprossen verwendet, müssen Sie je nach Witterung bis zum Sprießen oder zur Wurzelbildung regelmäßig bis zur Wassersättigung des Substrats wässern.

Dazu verlegen Sie am besten einen Schlauch auf der Dachfläche und schließen je nach Größe einen oder mehrere Vierecksregner an.

Der Zeitpunkt für **Ansaat und Sprossenbegrünung** sollte zwischen Mitte April bis Mitte Juni oder Anfang August bis Ence September liegen. Die Vorbereitung für diese Begrünungsarten ist jeweils dieselbe.

9. Nach dem Substratauftrag planieren Sie die ganze Fläche mit einem breiten Holzrechen ein. Sie sollte so glatt sein, daß sie nicht mehr als 3 cm an Unebenheit aufweist.

10. Bevor Sie mit dem Säen beginnen, empfiehlt es sich, mit einer genauen Brief- oder Küchenwaage die Saatgutmenge für einen Quadratmeter abzumessen (meist 20 g) und auf ein ausgemessenes Probefeld gleichmäßig auszusäen. So können Sie exakt feststellen, wie dicht Sie säen dürfen. Dasselbe gilt für Sprossen. Füllen Sie nun das abgewogene Saatgut bzw. die Sprossen in einen Eimer oder eine Saatwanne. Schreiten Sie nun die Fläche gleichmäßig auf und ab und säen Sie mit einer ausladenden Handbewegung die Fläche ein.

Nachdem Sie Saatgut oder Sprossen gleichmäßig aufgebracht haben, rechen Sie das Saatgut leicht unter die Substratoberfläche. Sprossen sollten Sie mit etwas Substrat etwa 1 cm dick mit der Schaufel abstreuen. Danach walzen Sie die Fläche mit einer wassergefüllten Handwalze ab und wässern sie.

11. Vegetationsmatten und Rollrasen werden im Frühjahr auf das verfestigte, angefeuchtete und planierte Substrat verlegt. Dazu rollen Sie die Bahnen so nebeneinander aus, daß sie aneinanderstoßen. Matten werden nebeneinander in der Reihe oder im Verbund verlegt. Mit einem scharfen Messer, am besten mit einem Teppichmesser mit Wechselklingen, können Sie diese Matte auf die richtige Länge schneiden. Wenn Sie die Fläche vollständig ausgelegt haben, drücken Sie die Bahnen oder Matten gut an und streuen die Stöße mit etwas Substrat an. Anschließend wird gewässert. Für alle Begrünungsformen gilt, daß bei Trockenheit bis zur vollständigen Durchfeuchtung des Substrats gewässert werden muß.

9

10

11

1

Holzverbindungen für Rankgerüste

Die gebräuchlichsten Holzverbindungen für den Außenbereich sind Nagelungen und Verschraubungen.
1. Meist werden einfache Konstruktionen gewählt. Dabei wird über eine senkrechte Lattung einfach waagrechte Lattung genagelt oder geschraubt. Aus optischen Gründen können Sie die ganze Konstruktion auch von hinten nageln oder schrauben, so daß die Verbindungen unsichtbar bleiben. Was die Anordnung der Latten betrifft, sind Ihrer Phantasie keine Grenzen gesetzt.

Die Vorgehensweise ist denkbar einfach. Sie legen sich mittels einer Skizze die Maße zurecht und sägen mit einer Handkreissäge oder einer gewöhnlichen Handsäge die Spalierlatten auf Länge.

Berücksichtigen Sie beim Kauf des Holzes Ihre Konstruktionsmaße. Sie können das Holz vom Holzhändler auf Maß schneiden lassen. Das kostet zwar einen geringen Aufpreis je laufenden Meter, spart aber sonst anfallenden Verschnitt und Zeit.

2. Der nächste Schritt ist die Fertigung des Rahmens. Dazu legen Sie die obere und untere Querlatte auf eine ebene Fläche (z.B. Terrasse, Einfahrt) und mit Hilfe eines Anschlagwinkels die beiden äußeren senkrechten Latten im rechten Winkel darüber. Kontrollieren Sie nun noch das Maß der Diagonalen. Wenn es übereinstimmt, können Sie mit dem Verschrauben beginnen.

3. Mit der Bohrmaschine und einem Kreuzschlitzeinsatz können Sie die Latten an jeder Ecke mit zwei Messingspaxschrauben befestigen. Achten Sie darauf, daß die Schrauben nicht zu lang sind und am anderen Ende wieder herausschauen.

Selbstverständlich können Sie auch die Löcher vorbohren und die Verbindung mit Halbrund- oder Linsensenkholzschrauben mit Schlitz durchführen. Die restlichen Latten nageln oder schrauben Sie dann einfach

2

3

an den fertigen Rahmen. Übertragen Sie dafür mit Meterstab und Bleistift die Lattenabstände von Ihrer Skizze auf den fertigen Rahmen.

4. Wer den Rahmen für sein Klettergerüst etwas anspruchsvoller gestalten will, dem bietet die sogenannte Überblattung eine einfache, aber ansprechende Alternative. Die Vorarbeiten sind dieselben wie oben beschrieben. Sie müssen jedoch die Verbindungsstellen der einzelnen Latten genauer anzeichnen, indem Sie die Skizzenmaße genau auf die einzelne Latte übertragen. Einfacher ist es jedoch, das ganze Rankgerüst provisorisch auf einer ebenen Fläche zusammenzulegen. Anschließend markieren Sie sich mit Bleistift die Verbindungen, indem Sie seitlich an den Latten je einen Strich ziehen.

5. – 6. Mit einer Handsäge oder Handkreissäge, die Sie auf die richtige Schnittiefe (1/2 Holzdicke) eingestellt haben, sägen Sie an den Markierungen ein. Das so gekennzeichnete Stück stemmen Sie mit einem Stemmeisen heraus. Glätten Sie, wenn nötig, die ausgestemmte Stelle mit einer Feile und Sandpapier nach.

Nun bauen Sie die einzelnen Teile wieder zusammen. Achten Sie darauf, daß die Teile leicht ineinandergreifen. Bei feuchtem Holz müssen Sie bedenken, daß es leicht schwindet. Arbeiten Sie genau.

Haben Sie alle Latten zusammengesetzt, verschrauben oder nageln Sie die Teile wie oben beschrieben. Eine weitere Möglichkeit, Holzteile zu verbinden, sind sogenannte Holzverbinder aus feuerverzinkten Blechformteilen. Meistens verwendet man Lochplatten (-winkel) und Flach- bzw. Winkelverbinder. Befestigt werden diese Bleche mit sogenannten Ankernägeln. Diese Nägel besitzen einen gerillten Schaft und eine konisch zulaufende Verdickung unterhalb des Nagelkopfes. Wenn Sie den Nagel mit einem Hammer einschlagen, bewirkt die Verdickung eine optimale Verbindung des Nagels mit der Lochplatte.

Mit Lochplattenwinkeln können Sie relativ einfach Eckverbindungen herstellen. Sie nageln das Blech zuerst an ein Holzteil und nageln das andere dazu. Flachverbinder können Sie zusätzlich zu einer Überblattung verwenden, um zusätzlich Halt zu erreichen.

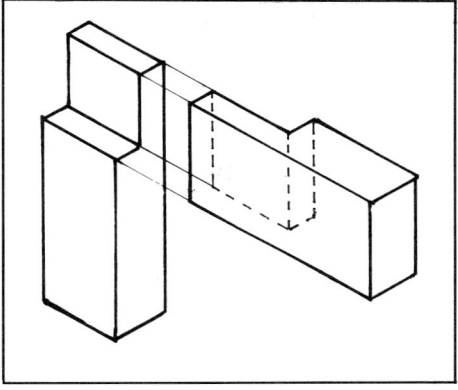

4

5

6

1

2

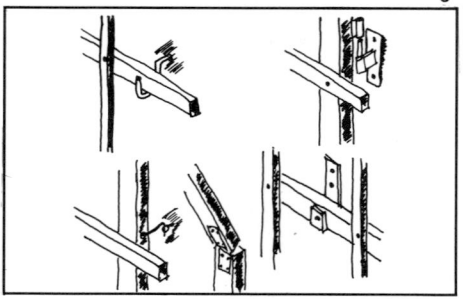

3

Rankgerüste an der Hauswand befestigen

1. Für eine feste Verbindung mit der Hauswand bohren Sie an den Aufhängepunkten des Rankgerüsts zuerst Löcher (Bohrmaschine mit Holzspiralbohrer, Durchmesser 8 mm). Dann halten Sie das Rankgerüst an die Wand, übertragen die Bohrungen mit einem Bleistift und bohren mit einem Bohrhammer oder einer Schlagbohrmaschine mit Steinbohrer die Löcher für die Messingdübel. Bohren Sie genau im rechten Winkel zur Wand und stecken Sie dann die Dübel in die Mauer.

2. – 3. Je nach Wandabstand befestigen Sie das Rankgerüst mit einer Bolzenschraube oder Gewindestange. Als Abstandhalter verwenden Sie ein Alurohr und eine Gewindestange, das Sie mit dem Trennschleifer oder einer Eisensäge auf die erforderliche Länge abschneiden. Entgraten Sie die Schnittstellen mit einer Metallfeile und schrauben Sie die Gewindestange in den Dübel, schieben eine Beilegscheibe darüber, stecken das Alurohr darauf und legen eine weitere Beilegscheibe dazu. Wenn Sie zwei Befestigungspunkte so vorbereitet haben, stecken Sie das Rankgerüst darauf. Mit Beilegscheibe und einer Schraubenmutter ziehen Sie das Rankgerüst mittels Schraubenschlüssel an der Wand fest; befestigen Sie es ebenso an den übrigen Punkten. Normalerweise reicht es aus, wenn Sie Rankgerüste alle 1,5 bis 2 m einmal fixieren.

4. Ein abnehmbares Klettergerüst bauen, können Sie beispielsweise in einen mit Schrauben und Dübeln an der Wand befestigten Mauerhaken einhängen, der zwischen der senkrechten Lattung des Rankgerüsts liegt. Sie können aber auch Plattenkloben und Bänder verwenden, wobei Sie die Plattenkloben mit Spreizdübeln und Schrauben an der Wand befestigen und die Bänder mit Holzschrauben am Rankgerüst. Sichern Sie dieses mit einem Sturmhaken.

4

COMPACT PRAXIS
»do it yourself«

Jeder Band mit 120 Seiten, nur 19,80 DM

Anwenderfreundliche Komplettanleitung für alle wichtigen Heimwerkerarbeiten – jeder Band mit über 300 Abbildungen. Übersichtliche Symbole für Schwierigkeitsgrad, Zeitaufwand, Ersparnis und Werkzeuge – moderne Profitechniken für jedermann.

Compact Verlag GmbH • Züricher Str. 29 • 8000 München 71
Telefon 089/7 59 10 15 • Telex 17 897 125 • Teletex 897 125
Telefax 756 095

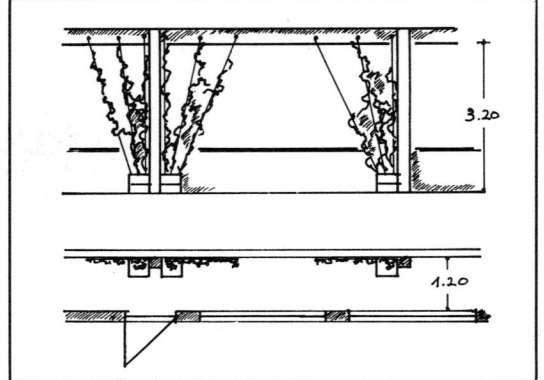

1

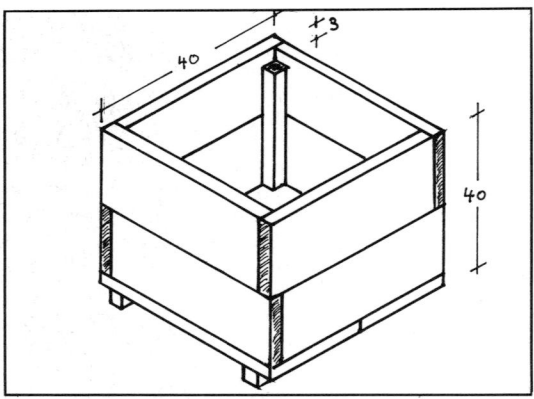

2

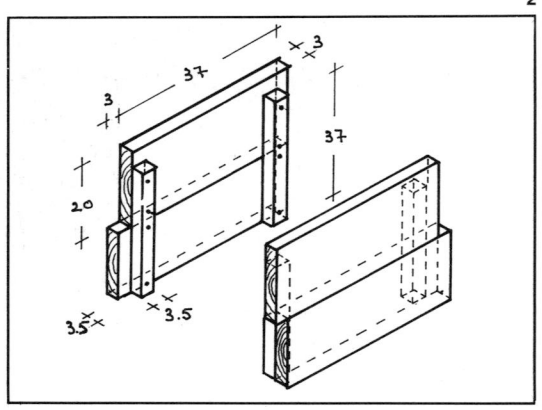

3

Ein Balkon wird grün

Material
Bretter, Latten, Messing-Spaxschrauben, Folie, Reißnägel oder Dachpappstifte, Blähton, Vlies, Ringschrauben, Schnur, Seilklemmen, Bast, Substrat.

Werkzeug

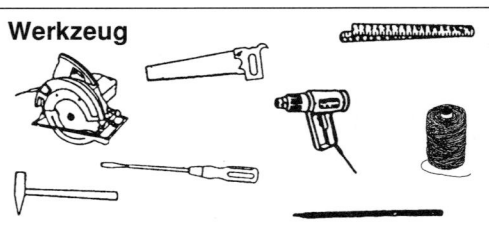

Schwierigkeits-grad

0	1	2	3

Kraftaufwand

0	1	2	3

Arbeitszeit
Sie benötigen etwa 1 Stunde pro Tag und 2 Stunden für die Schnüre.

Ersparnis
Pro Tag sparen Sie etwa 40 DM.

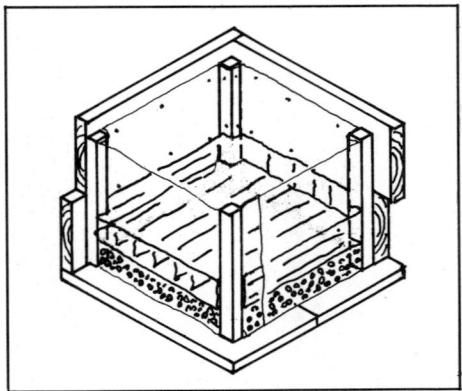

4

5

6

Auch ein kleiner schmaler Balkon läßt sich schnell und preiswert begrünen. Gut geeignet sind Rankgerüste aus Kunststoffschnüren und Holztröge für die Pflanzbeete, die schnell gemacht und leicht wieder abgebaut werden können. Überlegen Sie sich zunächst, wo Pflanzkübel stehen sollen. Achten Sie darauf, daß Sie keine Behinderung darstellen und gut begrünt werden können. Bedenken Sie bei der Pflanzenauswahl, daß Sie diese als Sonnen- oder Windschutz einsetzen können.

1. Im dargestellten Fall ist der Balkon durch vertikale Holzstützen gegliedert, an die die Pflanztröge gestellt werden. Zwischen die Stützen spannen Sie Schnüre.

2. Bei einem schmalen Balkon sollten Sie sich am besten mit Trögen der Abmessungen 40 x 40 x 40 cm begnügen. Wählen Sie kesseldruckimprägnierte Fichten- oder Kiefernbretter (3 x 30 x 37 cm). Wenn Sie sich die Arbeit etwas erleichtern wollen, fertigen Sie eine Skizze und lassen sich die Bretter vom Holzhändler zuschneiden. Für die Eckverbindungen benötigen Sie Holzlatten, am besten mit quadratischem Profil (3,5 x 3,5 cm). Damit können Sie die Schraubverbindungen von innen fertigen, so daß von außen keine Schrauben sichtbar sind. Insgesamt brauchen Sie je Trog für die Wände acht Bretter der Maße 3 x 20 x 40 cm. Latten kaufen Sie am besten als Meterware.

3. Zuerst bauen Sie aus je zwei Brettern und zwei Lattenstücken (35 cm lang) zwei Wandteile. Berücksichtigen Sie dabei den Versatz von einer Brettdicke (wie Blockbauweise). Vorder- und Rückwand sind also genau seitenverkehrt. Wichtig ist, daß die Jahresringe der Bretter zur Eckleiste hin gewölbt sind, da es sonst passieren kann, daß sich die Bretter später aufbiegen. Legen Sie die Bretter am besten auf den Balkonboden und schrauben Sie die Eckleiste fest. Verwenden Sie eine (Akku-)Bohrmaschine mit Kreuzschlitzeinsatz und Messing-Spaxschrauben. Fixieren Sie jedes Brett zweimal an der Leiste. Die Schrauben sollten so lang sein, daß sie bis etwa in die Mitte des Bretts reichen. Sind die beiden Trogwände fertig, verbinden Sie diese, indem Sie die restlichen Bretter jeweils an den Eckleisten dagegenschrauben. Anschließend schrauben Sie die beiden Bodenbretter an. Drehen Sie dazu den Trog um und verschrauben Sie die Bodenbretter mit der Schmalseite der Trogwände. Zu guter Letzt schrauben Sie quer zu den Bodenbrettern zwei Leisten als Sockel. Dadurch erreichen Sie, daß der Pflanztrog immer gut belüftet wird und trocken steht.

4. Kleiden Sie den fertigen Trog mit einer 0,2 mm starken Plastikfolie aus. Schneiden Sie sich dazu ein Stück von 60 x 60 cm zurecht und legen es als Wanne in den Boden. Legen Sie die Folie sauber gefaltet in den Ecken an und fixieren Sie sie mit Reißnägeln oder Dachpappstiften. Dann schneiden Sie sich ein Stück von 35 x 170 cm zurecht und verkleiden damit die Trogwände so, daß der untere Folienrand in der Wanne aufsteht. Fixieren Sie diesen wie zuvor. Nun füllen Sie etwa 10 cm Blähton in der Körnung 8/16 als Dränage ein. Darüber legen Sie ein Vlies, das Sie an den Trogwänden etwas hochziehen. Bohren Sie an der Oberkante der Dränage zwei Löcher in die Tröge, damit überschüssiges Wasser ablaufen kann. Dann füllen Sie Substrat ein. Verwenden Sie hierzu Gartenerde, die Sie mit je 10 Prozent Kompost, Sand und Blähton mischen, oder fertige Erde. Füllen Sie die Tröge bis etwa 5 cm unter Trogoberkante auf und drücken das Substrat an.

5. Für die Befestigung der Schnüre verwenden Sie Ringschrauben mit Holzgewinde. Mit der Bohrmaschine bohren Sie je zwei Löcher in die Tröge und drehen die Ringschrauben hinein. Bringen Sie in gleicher Weise Schrauben an den Balkonbalken an.

6. – 7. Dann spannen Sie die Schnüre von Schraube zu Schraube. Verwenden Sie dazu Seilklemmen. Führen Sie die Schnur durch Ringschraube und Seilklemmen und spannen Sie die Schnur mit der Hand. Ziehen Sie die Schraube der Seilklemme schließlich mit dem Schraubenzieher gut fest.

8. Nun pflanzen Sie pro Trog eine Kletterpflanze (wie Clematis). Bereiten Sie das Pflanzloch vor und nehmen Sie die Pflanzen aus den Töpfen. Pflanzen Sie Clematis immer schräg und etwa 10 cm unter der Substratoberkante. Drücken Sie das Erdreich an und schlämmen Sie die Pflanzen gut mit Wasser ein. Schneiden Sie die Triebe auf 5 bis 7 Augen (Knospen) zurück und befestigen Sie diese mit Bast an den Drähten.

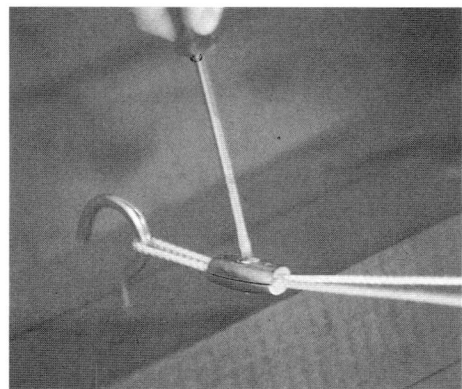

7

8

Eine Terrasse wird zur Laube

Material
Ringschrauben, Holzpflöcke, Spanndraht, Drahtspanner, Pflanzen.

Werkzeug

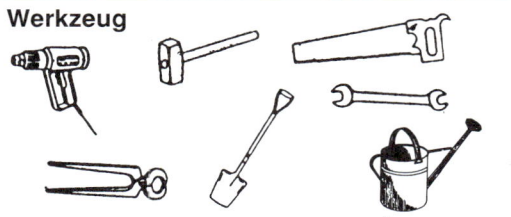

Schwierigkeitsgrad

0	1	2	3

Kraftaufwand

0	1	2	3

Arbeitszeit
Um eine Terrasse in eine Laube umzuwandeln, benötigen Sie etwa 4 bis 6 Stunden.

Ersparnis
Sie saren sich rund 400 DM.

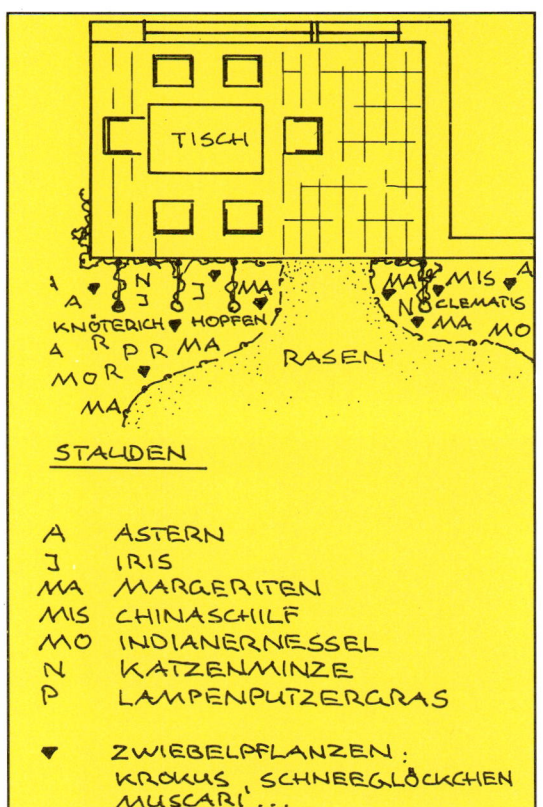

STAUDEN

A	ASTERN
J	IRIS
MA	MARGERITEN
MIS	CHINASCHILF
MO	INDIANERNESSEL
N	KATZENMINZE
P	LAMPENPUTZERGRAS
▼	ZWIEBELPFLANZEN: KROKUS, SCHNEEGLÖCKCHEN MUSCARI...

1

2

85

3

4

5

Eine sehr einfache Möglichkeit, eine Terrasse in eine Laube zu verwandeln, soll an folgendem Beispiel aufgezeigt werden. Gerade für Mieter bietet sich solch eine Lösung an, weil sie äußerst kostengünstig und jederzeit wieder rückgängig zu machen ist.

1. Die Terrasse des Modellbeispiels ist 4 x 2,5 m groß und zum großen Teil von einem darüberliegenden Balkon vor Regen geschützt. Sie ist nach Süden gerichtet, was bei der Pflanzenwahl berücksichtigt werden muß, und soll nun in einem Teilbereich in eine Laube verwandelt werden.

Da die Begrünung sehr schnell erfolgen soll, werden raschwüchsige Pflanzen verwendet, in diesem Fall ein Knöterich in Kombination mit einem Hopfen. Für den farblichen Akzent sorgen eine Clematis »Jackmannii« und Sommerblumen in Balkonkästen und Kübeln.

Der Terrasse angeschlossen sind kleine Pflanzflächen, die aus dem Rasen ausgestochen wurden und mit Beetstauden und Klettergehölzen bepflanzt sind.

2. Zuerst legen Sie im Abstand von 40 cm die Befestigungspunkte für die Drähte an der hölzernen Unterkante des Balkons fest. Mit einer (Akku-)Bohrmaschine und Holzbohrer bohren Sie die Löcher vor.

Die Befestigung erfolgt mit Ringschrauben mit Holzgewinde. Drehen Sie die Schrauben fest in das Holz.

3. Im Pflanzbeet werden die Drähte an kurzen Holzpflöcken verankert. Schlagen Sie mit einem Holz- oder Vorschlaghammer an jedem Fußpunkt einen Pflock ein und sägen Sie mit der Handsäge eine Auskerbung aus. Schlagen Sie den Pflock dann so weit in den Boden, daß er noch rund 5 cm herausschaut.

4. Zuerst befestigen Sie ein Drahtstück oben am Balkon. Stecken Sie es durch die Öse der Schraube und wickeln Sie den Draht sauber ein paarmal um sich selbst. Zwicken Sie den abstehenden Rest mit der Beißzange ab. An der Einkerbung im Pflock befestigen Sie ein zweites kurzes Stück Draht in der gleichen Weise.

5. An dieses Drahtstück montieren Sie einen Drahtspanner. Den am Balkon befestigten Draht verbinden Sie anschließend ebenfalls mit dem Drahtspanner. Mit einem Gabelschlüssel oder einer Flachzange können

Sie den Draht auf diese Weise gut spannen. Sollte der Draht später einmal etwas durchhängen, können Sie ihn so immer wieder nachziehen.

6. Nachdem Sie alle Drähte befestigt haben, stechen Sie mit einem Spaten den Rasen um. Sie können sich die Beetumrisse mit Steinen markieren oder gleich mit dem Spaten abstecken. Danach heben Sie die Rasensoden in der Größe von 40 x 40 cm ab, und zwar so dick, wie die Durchwurzelung reicht (5 bis 10 cm). Anschließend graben Sie mit dem Spaten die Pflanzbeete gut spatentief um. Lassen Sie dabei um die Holzpflöcke ungefähr 40 x 40 cm Boden fest stehen, damit diese sich nicht lockern können. Wenn der Boden von schlechter, steiniger Qualität ist, verbessern Sie ihn mit etwas (Rinden-)Kompost. Heben Sie den Kompost mit dem Spaten unter den Boden und rechen Sie zum Schluß mit einem Kreil oder Eisenrechen die großen Steine heraus.

Vor der Pflanzung können Sie mit einem organischen Dünger noch eine Grunddüngung geben. Beachten Sie dabei genau die Anwendungshinweise des Herstellers und streuen Sie den Dünger gleichmäßig aus.

7. Nun pflanzen Sie zuerst die Kletterpflanzen. Setzen Sie an jeden zweiten Draht eine Pflanze. Zu viele Pflanzen würden sich gegenseitig bedrängen und nicht unbedingt zu einer raschen Entwicklung der »Laube« beitragen. Heben Sie für jede Pflanze ein Loch aus, das dem 1,5 bis 2fachen ihres Topfballens entspricht. Setzen Sie die Pflanze in das Loch und füllen Sie mit Erde auf. Rütteln Sie die Pflanze dann vorsichtig etwas auf und ab und ziehen Sie sie soweit hoch, daß die Oberkante ihres Ballens bündig mit dem anstehenden Boden ist. Drücken Sie den Boden rings um den Ballen fest. Bei der Pflanzung von Clematis müssen Sie beachten, daß der Wurzelballen in einer Schräglage und etwa 10 cm unter der Beetoberkante gepflanzt werden muß.

Zum Schluß verteilen Sie die Beetstauden, wie Sie es in der Skizze festgelegt haben, und pflanzen sie mit einer kleinen Pflanzschaufel. Drücken Sie die Pflanzen gut an. Dann wässern Sie das ganze Beet und arbeiten es mit dem Kreil noch einmal zwischen den Stauden durch. Entfernen Sie dabei alle größeren Steine.

8. So sieht die Lauben-Terrasse schon bald aus.

6

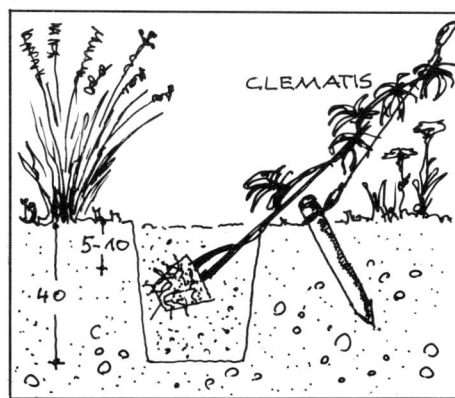
7

8

Arbeitsanleitungen

Bau eines Obstspaliers

Material

Dachlatten (24 x 48 mm), Spanndraht, Bolzenschrauben, Dübel, Beilagscheiben, Spaxschrauben, Nägel, Obstgehölze (Stammbusch), Kompost, Dünger.

Werkzeug

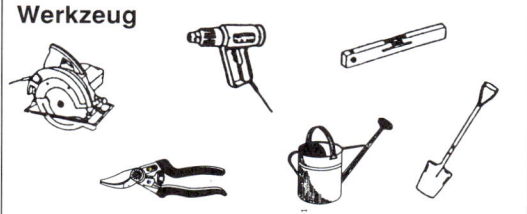

Schwierigkeitsgrad

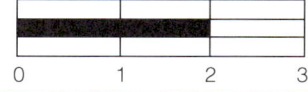

0   1   2   3

Kraftaufwand

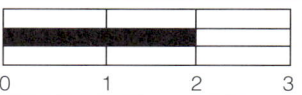

0   1   2   3

Arbeitszeit

Sie benötigen etwa eine halbe Stunde pro Quadratmeter.

Ersparnis

Pro Quadratmeter sparen Sie rund 25 DM.

1

2

Arbeitsanleitungen

89

3

4

5

Obstspaliere können sehr vielfältig ausgebildet sein. Im Verlauf von Jahrhunderten hat sich die Obstzucht an Holz- oder Drahtspalieren zu einer wahren Kunstform entwickelt. Süd-, Südost- und Südwestlagen sind für alle Obstsorten (Birne, Pflaume, Pfirsich, Aprikose, Sauerkirsche, Wein) bis auf den Apfel geeignet, der an einer Ost- oder Westseite besser gedeiht. Für Nordseiten können Sie die »Schattenmorelle« verwenden. Bei den Birnen haben sich unter anderem »Williams Christ«, »Conference« und »Gute Luise« bewährt. »James Grieve«, »Goldparmäne«, und »Berlepsch"« sind geeignete Apfelsorten. Die Pfirsichsorten »Roter Ellerstädter« und »Mayflower«, die »Nancyaprikose« sowie die Sauerkirschensorte »Schattenmorelle« und »Ludwigs Frühe« runden das Sortiment ab. Wein gedeiht am besten an Süd- und Südwestlagen.

1. Spaliere bauen Sie am besten aus Holz oder Draht. Verwenden Sie gehobelte kesseldruckimprägnierte Dachlatten (24 x 48 mm). Als Abstandhalter schneiden Sie sich davon mit der Säge kleine Stückchen von etwa 5 cm Länge ab. Sie können auch ein Stück Alu-Rohr verwenden, das Sie einfach über die Bolzenschraube stecken. Bei der Anordnung der Latten sollten Sie sich an der Architektur Ihres Hauses oder an der Lage der Fenster orientieren. Wenn Sie eine fensterlose Wand mit einem Spalier verkleiden, sind Ihrer Phantasie keine Grenzen gesetzt. Orientieren Sie sich aber auch an überlieferten Formen. Gerade an alten Häusern finden sich oft die schönsten Beispiele, die einem zeigen, wie sehr Spalierobst zur Verschönerung eines Hauses beitragen kann.

2. Markieren Sie zuerst die Eckpunkte des Spaliers auf der Hauswand. Arbeiten Sie auf der Leiter so vorsichtig wie möglich und möglichst immer zu zweit. Bohren Sie die Latten und Abstandhalter am Boden schon vor. So können Sie die Bohrungen quasi als Schablone für Ihre Löcher in der Hauswand verwenden. Achten Sie dabei auf die Lage der Abstandhalter. Sie sollten immer zwischen den späteren Querlatten, aber nicht mehr als 1,5 m auseinander liegen. Verwenden Sie für die Bohrungen durch das Holz einen 1 mm stärkeren Holzbohrer als die Bolzenschrauben an Durchmesser haben.

Die Schrauben sind dann leichter durchzustecken.

3. Halten Sie die vorbereitete Latte mit Hilfe der Wasserwaage senkrecht an die Wand und bohren Sie mit einem Steinbohrer zuerst das oberste Loch. Stecken Sie einen Messingdübel hinein und befestigen Sie anschließend Latte und Abstandhalter mit einer Bolzenschraube. Fertigen Sie nun die restlichen Löcher. Soll das Spalier größer werden als die Latten lang sind, können Sie mit einfachen Überblattungen und Lochplatten Verlängerungen herstellen (vgl. S. 77).

4. Nun schrauben Sie die waagrechten Latten in den vorgesehenen Abständen darauf an. Verwenden Sie nach Möglichkeit eine Akkubohrmaschine (kein Kabel, kein Verheddern!) mit Kreuzschlitzeinsatz und Messingspaxschrauben. Schrauben Sie die Latte fest. Ihr Helfer auf der anderen Seite richtet die Latte mit der Wasserwaage aus und befestigt sie ebenfalls. Wenn Sie alle Latten fixiert haben, verschrauben Sie die Querlatten mit den senkrechten an allen Kreuzungspunkten.

5. Ist das Spalier fertig, heben Sie das Pflanzloch aus. Es soll ungefähr zwei Spaten tief sein und ebenso breit. Lockern Sie die Sohle und verbessern Sie den Aushub mit etwas Kompost. Als Pflanzqualität des Obstbaums verwenden Sie einen sogenannten Stammbusch. Schneiden Sie mit der Gartenschere die Wurzeln an und pflanzen Sie ihn in die verbesserte Erde. Rütteln Sie ihn leicht ein, treten den Boden fest und wässern Sie.

6. – 7. Danach erfolgt der Pflanzschnitt. Zuerst entfernen Sie den Konkurrenztrieb. Dann werden die Seitentriebe so eingekürzt, daß das letzte Auge jeweils nach außen schaut. Kernobst können Sie um ein Drittel, Steinobst um zwei Drittel einkürzen. Für den Kronenaufbau reichen 3 bis 4 Triebe aus. Achten Sie auf die Saftwaage. Später binden Sie die Triebe am Spalier fest und ziehen die Äste nach Ihren Vorstellungen. Von der Wand abstehende Triebe werden entfernt. Bei zu dichtem Wuchs wird ausgelichtet. Entfernen Sie die Holztriebe (Wasserschosse) oder binden Sie sie an, damit sie Fruchtknospen ansetzen können.

8. Hier sehen Sie eine gelungene Begrünung mit Spalier, die schon älter ist.

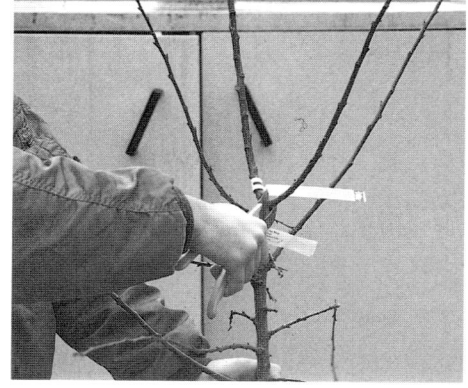

6

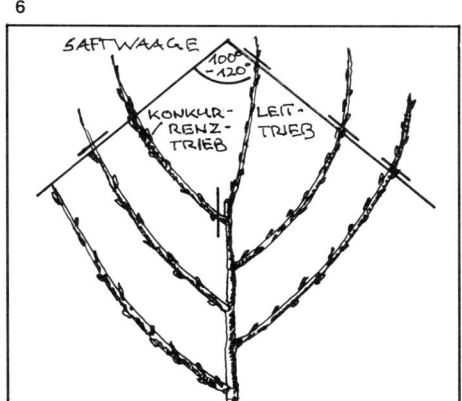

7

8

Rankgerüst aus Drahtseilen

Material
Edelstahlseil (ø 6-8 mm), Gewindestange, Beilagscheiben, Messingdübel, Isolierband, Ringmuttern, Muttern, Alurohr, Spannschlösser, Seilklemmen.

Werkzeug

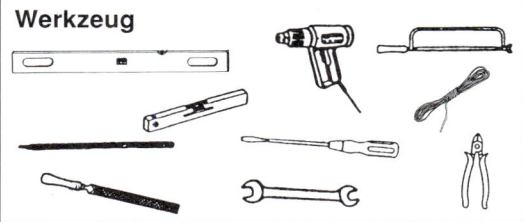

Schwierigkeitsgrad

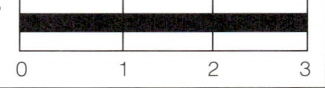

| 0 | 1 | 2 | 3 |

Kraftaufwand

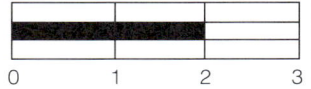

| 0 | 1 | 2 | 3 |

Arbeitszeit
Sie benötigen etwa eine Stunde pro Quadratmeter.

Ersparnis
Die Ersparnis liegt bei etwa 50 DM pro Quadratmeter.

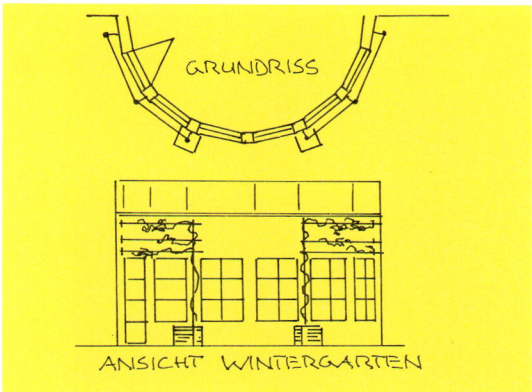

GRUNDRISS

ANSICHT WINTERGARTEN

1

2

3

Arbeitsanleitungen

93

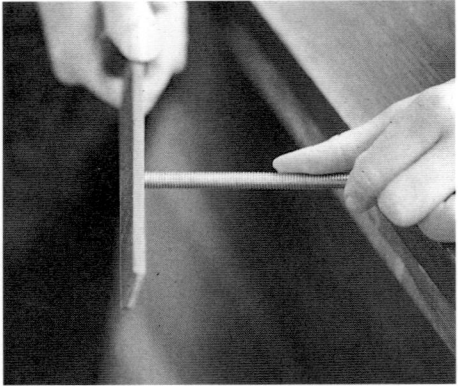

4

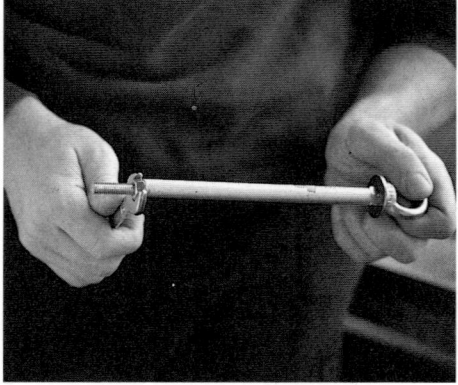

5

6

Oft sind Rankhilfen aus Holz nur schwer herzustellen. Für Rundungen oder halbrunde Fassaden bieten Drahtseilkonstruktionen eine technisch einfachere Möglichkeit zur Begrünung. Wichtig ist, daß das Seil einen ausreichenden Durchmesser besitzt. Eine Glyzinie beispielsweise benötigt für einen optimalen Wuchs Edelstahlseile mit einem Durchmesser von 6 bis 8 mm. Die Anordnung der Seile sollte im Abstand von 30 bis 40 cm erfolgen und der Wandabstand 20 cm betragen.

1. Für die Begrünung eines halbrunden Wintergartens skizzieren Sie sich die Ansicht der Fassade und den Grundriß. Überlegen Sie sich, wo Sie die Abstandhalter anbringen müssen, damit die waagrechten Seile keine Wandberührung bekommen.

Zeichnen Sie zu diesem Zweck maßstäblich einen 20 cm größeren Halbkreis um den Grundriß und stecken sie auf diesen im Abstand von 1 bis 1,5 m mit dem Zirkel Punkte ab. Wenn Sie diese Punkte mit Geraden verbinden, sollten diese nirgends näher als 10 cm an der Wand sein. Gehen Sie bei Ihren Überlegungen stets von Fixpunkten wie Fenstern oder Türen aus.

2. Nun übertragen Sie die Punkte von der Zeichnung auf die Fassade. Markieren Sie an der Wand die Waagerechten oder Senkrechten, auf denen die Punkte für die Abstandhalter liegen, mit Hilfe von Setzlatte und Wasserwaage. Messen Sie die Punktabstände und kennzeichnen Sie die genaue Lage der Abstandhalter mit einem Maurerbleistift. Arbeiten Sie am besten zu zweit. Bedenken Sie, daß die spätere exakte Ausrichtung der Drahtseile von dieser Vorarbeit abhängt und arbeiten Sie deshalb so präzise wie möglich.

3. Für das Bohren der Löcher benötigen Sie eine Schlagbohrmaschine und Steinbohrer. Achten Sie darauf, daß der Bohrkanal exakt rechtwinklig zur Fassade verläuft. Ein schräger Bohrkanal hätte eine schräge Lage der Abstandhalter und damit der Drahtseile zur Folge. Bohren Sie die Löcher mit einem 10 mm Steinbohrer. Wenn Ihre Bohrmaschine über einen Abstandhalter verfügt, stellen Sie diesen auf die Dübellänge ein. Stecken Sie die Messingspreizdübel in die Bohrungen. Pro Abstandhalter benötigen Sie einen Dübel, eine Gewindestange (Durchmesser 8 mm, Länge

25 cm), zwei Beilagscheiben mit Muttern, ein Alurohr (Durchmesser 10 mm, Länge 15 cm) und eine Ringmutter (Durchmesser 8 mm).

Spannen Sie die Gewindestange in einen Schraubstock und sägen Sie mit einer Eisensäge entsprechende Stücke ab. Dasselbe wiederholen Sie mit dem Alurohr. Entgraten Sie Gewindestangen und Alurohre mit einer Metalfeile und schrauben Sie die Ringmuttern auf die Gewindestangen. Schrauben Sie Beilagscheibe und Mutter so dagegen, daß die Gewindestange bündig mit der Gewindeöffnung der Ringmutter liegt.

5. Stecken Sie das Alurohr darauf und schrauben Sie es mit einer Mutter fest. Die Abstandhalter müssen überall gleich lang sein.

6. Legen Sie dann eine weitere Beilagscheibe dazu und schrauben Sie die fertigen Abstandhalter in die Dübel. Ziehen Sie sie mit einem starken Schraubenzieher fest. Beachten Sie dabei, daß die Ringmuttern senkrecht zur Seilrichtung ausgerichtet liegen.

7. Als nächstes machen Sie die senkrechten Seile fest. Führen Sie das Seilende am oberen Befestigungspunkt durch die Ringmutter und schrauben Sie es mit Hilfe der Seilklemmen mit dem restlichen Seil zusammen. Stecken Sie es dann durch die übrigen Abstandhalter. Spannen Sie das Seil leicht mit der Hand, um die Länge zu ermitteln und kappen Sie es mit einem Seitenschneider oder einer Zange. Umwickeln Sie das Ende mit einem Isolierband.

8. Montieren Sie jetzt ein Spannschloß an das Drahtseil. Gehen Sie dabei in gleicher Weise vor wie bei der Montage an der Ringmutter. Hängen Sie das Spannschloß mit dem Haken in die Ringmutter und spannen Sie das Seil durch Drehen des Spannschlosses, bis es straff ist. Die Abstandhalter dürfen sich jedoch nicht verbiegen. Befestigen Sie in der gleichen Art die restlichen Seile.

9. Pflanzen Sie die vorbereiteten Pflanzen in die vorgesehenen Pflanzgefäße oder direkt in den Boden.und binden Sie sie mit Bast an den Drahtseilen fest. Decken Sie das Pflanzbeet mit etwas Mulch ab. Bei Trockenheit sollten Sie regelmäßig gießen. In späteren Jahren muß die Glyzinie regelmäßig geschnitten werden.

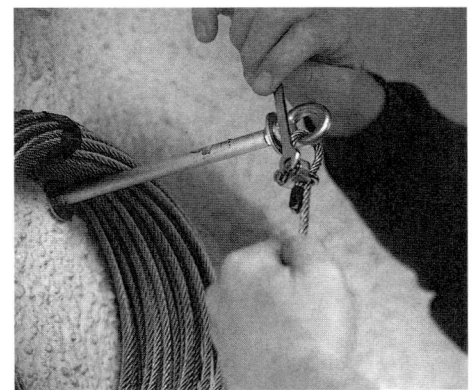

7

8

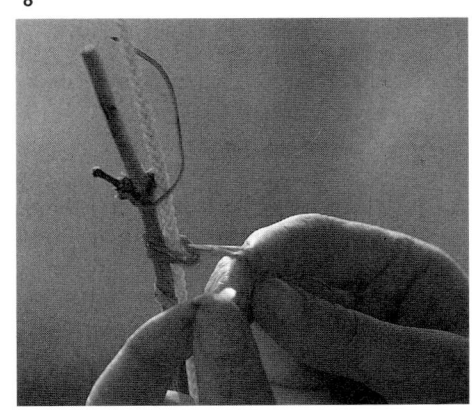

9

Arbeitsanleitungen

Einschichtige Begrünung eines kleines Daches

Material
Kanthölzer, Flach- und Winkelverbinder, Vlies, Wurzelschutzfolie, Kies 16/32, Substrat auf Blähtonbasis, Gehölze, Stauden, Sprossen, Dünger.

Werkzeug

Schwierigkeits-grad

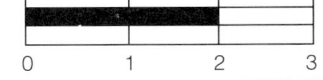

Kraftaufwand

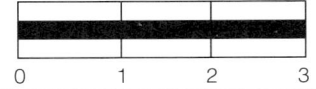

Arbeitszeit
Wenn Sie zu zweit arbeiten, begrünen Sie in einer halben Stunde einen Quadratmeter.

Ersparnis
Pro Quadratmeter sparen Sie rund 50 DM.

Arbeitsanleitungen

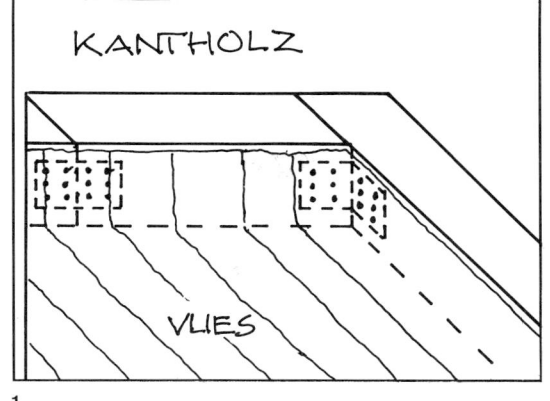

KANTHOLZ

VLIES

1

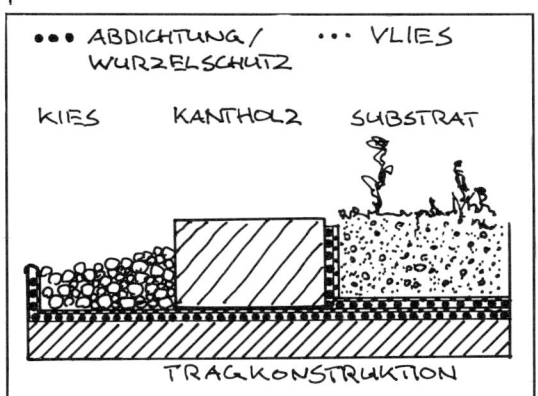

••• ABDICHTUNG / WURZELSCHUTZ   ••• VLIES

KIES   KANTHOLZ   SUBSTRAT

TRAGKONSTRUKTION

2

3

97

4

Um ein kleines Garagendach zu begrünen, ist kein großer Aufwand nötig. Wenn es sich um ein bestehendes Dach mit einer Kiesschüttung handelt, müssen Sie zuerst Kies abtragen. Überprüfen Sie nun zusammen mit einem Fachmann die Funktionsfähigkeit der Dachabdichtung. Ist die Abdichtung in Teilbereichen defekt, muß das Dach vor einer Begrünung saniert werden. Fragen Sie Ihren Architekten um Rat und beauftragen Sie eine Fachfirma. Verwenden Sie wurzelfestes Abdichtungsmaterial. Bringen Sie eine Schutzlage auf, wenn die Abdichtung intakt, aber nicht wurzelfest ist.

1. Die meisten Flachdächer haben am Dachrand eine Aufkantung von 15 bis 20 cm. Wo dies nicht der Fall ist, müssen Sie eine ausreichend hohe Aufkantung bauen, um ein Erodieren der Vegetationsschicht zu verhindern. Beim einschichtigen Aufbau erreichen Sie eine Fertighöhe von 15 bis 20 cm über der Dachabdichtung.

Die Aufkantung sollte etwa dieser Dicke entsprechen. Dazu verwenden Sie am besten kesseldruckimprägnierte Kanthölzer (14 x 16 cm oder stärker). Sie legen die Hölzer auf einen zuvor verlegten Vliesstreifen und verbinden sie an den Stößen und Ecken mit Flach- oder Winkelverbindern.

2. Lassen Sie zwischen zusätzlicher Aufkantung oder Dachrand Platz für den Kiesstreifen. Das so entstandene »Beet« kleiden Sie anschließend mit Vlies und Wurzelschutzfolie aus. Ziehen Sie Vlies und Wurzelschutzfolie bis an die Oberkante der Einfassung. Verwenden Sie nach Möglichkeit Wurzelschutzfolie mit einer Bahnenbreite, die Ihnen das Verschweißen erspart. Wenn Sie auf eine zusätzliche Aufkantung verzichten können, verlegen Sie Vlies und Wurzelschutzfolie auf die gleiche Weise, ziehen es aber entsprechend am Dachrand hoch. Sparen Sie den Gully aus. Auf die Wurzel-

5

schutzfolie legen Sie noch eine Lage Vlies (300 g/m²) und auf den Gully setzten Sie den Kiesfangkorb.

Anschließend bauen Sie den Kiesstreifen ein und schütten auch um den Gully einen 20 bis 30 cm breiten Kiesrand. Verwenden Sie gewaschenen Kies in der Körnung 16/32.

3. Zum Schluß bauen Sie das Substrat auf dem Dach ein. Besorgen Sie sich Substrat auf Blähtonbasis mit genügend Feinanteilen. Grobkörnigen Blähton können Sie nicht als Vegetationsschicht verwenden. Bei den geringen Mengen, die Sie für ein kleines Dach benötigen, können Sie anstelle von lose geschüttetem Material auch Sackware verwenden.

Bei einer Einbaudicke von 15 cm benötigen Sie rund 30 60-Liter-Säcke. Planieren Sie zum Schluß die ganze Fläche mit dem Rechen ein.

Für eine reine Sedumbegrünung mit Sprossen genügen bereits 5 cm Substrat. Streuen Sie die Sprossen gleichmäßig über die Fläche aus (ca. 40 g/m²). Anschließend decken Sie die Sprossen mit etwas Substrat ab. Streuen Sie dieses locker mit der Schaufel über die Fläche.

4. Wenn Sie Stauden pflanzen wollen, benötigen Sie 15 bis 20 cm Substrat. Streuen Sie zuvor Sprossen (ca. 20 g/m²) aus. Dann verteilen Sie die Stauden gleichmäßig über die Fläche und pflanzen sie mit einer stumpfen Pflanzschaufel ein. Planieren Sie das Substrat zwischen den Pflanzen etwas ein. Sind die Pflanzarbeiten beendet, wässern Sie die gesamte Fläche bis zur Wassersättigung. Halten Sie das Substrat in der Anwachsphase während einer Vegetationsperiode feucht. Geben Sie den Pflanzen eine Startdüngung. Verwenden Sie dazu chloridarmen Flüssigdünger, den Sie gleichmäßig dosiert auf die Fläche aufbringen.

5. Auch dieses Garagendach wurde in einschichtiger Bauweise begrünt.

Dachsanierung und extensive Begrünung

Material
Vlies, Kies, Substrat, Gehölze, Stauden, Sprossen, Saatgut, Zwiebeln, Dünger.

Werkzeug

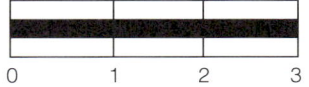

Schwierigkeits-grad

0	1	2	3

Kraftaufwand

0	1	2	3

Arbeitszeit
Eine Person kann einen Quadratmeter in rund einer halben Stunde begrünen.

Ersparnis
Pro Person und Quadratmeter sparen Sie rund 25 DM.

1

2

3

4

5

In vielen Wohnanlagen der 60er und der 70er Jahre sind Gemeinschaftsgaragen oder andere Einrichtungen mit Flachdächern vorhanden, die heute saniert werden müssen. Bei dieser Gelegenheit empfiehlt es sich, das Dach gleichzeitig extensiv zu begrünen. Achten Sie darauf, daß wurzelfeste Abdichtungen verwendet werden und tragen Sie zur phantasievollen Gestaltung der Dachbegrünung bei.

1. Im Fall einer Sanierung ist es zweckmäßig, Abdichtungsarbeiten einer Fachfirma zu übertragen. Sie als Mieter- oder Eigentümergemeinschaft können dann den restlichen Aufbau durchführen. Aus Gewährleistungsgründen ist es empfehlenswert, von der ausführenden Firma noch eine Schutzlage aufbringen zu lassen, damit durch Ihre Arbeit kein Schaden an der Dachabdichtung entsteht. Lassen Sie am besten eine Dränschicht aus Dränbahnen verlegen. So bekommen Sie zusätzlich zur Entwässerung den mechanischen Schutz für die Abdichtung.

2. Auf die Schutzlage bringen Sie zusätzlich eine Lage 300 g-Vlies auf, damit sich beim Begehen der Wege der Kies nicht durchdrückt. Führen Sie das Vlies am Dachrand empor. Lassen Sie dann den Kies 16/32 für den Kiesstreifen von einem Selbstlader liefern. Bauen Sie den Kiesstreifen entlang der Dachaufkantung ein und umgeben Sie alle Dachdurchbrüche mit einem 30 bis 50 cm breiten Kiesrand. Die Dicke der Kiesschicht sollte 10 cm betragen.

3. Überlegen Sie sich nun die Gliederung der Dachfläche. Teilen Sie die Vegetationsfläche in verschiedene Bereiche und grenzen Sie diese durch geschwungene Kieswege ab. Sie können so die einzelnen Flächen durch unterschiedliche Bepflanzung differenzieren. Markieren Sie dann die Form der einzelnen Pflanzflächen mit kleinen Kieshäufchen und schütten Sie die dazwischen liegenden Kieswege auf. Zum besseren Verteilen des Kieses auf dem Dach benutzen Sie am besten einen Schubkarren. Legen Sie deshalb Dielenbahnen als Fahrwege aus.

Ist der Kies verteilt, wird das Substrat auf das Dach geschafft. Legen Sie entlang des Kieswegs und der -ränder einen etwa 50 cm breiten Vliesstreifen, um den Kies sauber vom Substrat trennen zu können. Verwenden Sie mineralisches Substrat und lassen Sie sich die erforderliche Menge vom Hersteller berechnen. Im gesetzten Zustand sollte die Substratdicke etwa 10 cm betragen. Für kleinere Gehölzgruppen reicht es aus, wenn man von dieser Fläche 40 bis 50 cm kugelig anböscht. Verwenden Sie nur Gehölze, die für die extensive Begrünung geeignet sind. Beachten Sie dabei die Statik und wählen Sie die Dachbereiche, die über Stützpfeilern oder Unterzügen liegen und daher eine höhere Auflast vertragen.

Transportieren Sie das Substrat je nach Menge per Selbstlader oder Schrägaufzug auf das Dach und verteilen Sie es dort mit dem Schubkarren. Schütten Sie es gleichmäßig auf und berücksichtigen Sie dabei eingeplante Gehölzbereiche. Anschließend planieren Sie die Fläche mit dem Rechen ein.

4. – 5. Nun bringen Sie über die gesamte Fläche Sedumsprossen aus. Die Fläche, die mit verschiedenen Sedumarten bepflanzt werden soll, sparen Sie dabei aus. Auf den Teilbereich, den Sie mit einer Gras-Kräuter-Vegetation begrünen wollen, säen Sie fertig gemischtes Saatgut. Wiegen Sie die benötigte Menge (m^2 x g/m^2) mit einer Küchenwaage genau ab und bringen Sie das Saatgut gleichmäßig auf. Rechen Sie es mit dem Holzrechen ein wenig unter das Substrat und walzen Sie die Fläche ab.

6. Die Sedumfläche bepflanzen Sie mit den verschiedenen Arten. Gestalten Sie dabei Teilbereiche mit jeweils einer Art und lassen sie diese Teilbereiche ineinander fließen. Verwenden Sie auch höhere Arten wie Sedum telephium und achten Sie auf die Blütenfarben. Mischen Sie auch ruhig ein paar Gräser oder Stauden mit auffallenden Blüten quasi als Leitstauden darunter. Schließlich können Sie noch eine Fläche nur mit Stauden oder Gräser bepflanzen. Zum Schluß stecken Sie Zwiebeln; bilden Sie immer Tuffs von 10 bis 15 Stück. Schneiden Sie nun noch überstehende Vliesstreifen ab und ebnen Sie mit einem Eisenrechen die Kieswege. Beregnen Sie die Fläche während der ersten Vegetationsperiode so, daß Sie immer feucht ist.

7. – 8. So sieht ein großes Flachdach schon bald aus.

6

7

8

Ein kleines Gras-Kräuter-Dach anlegen

Material
Kanthölzer, Winkel- und Flachverbinder, Spaxschrauben, Vlies, Wurzelschutzfolie, Wärmedämmung, Dränbaustoff, Dränrohr, Kies, Substrat, Saatgut, Sprossen, Stauden, Vegetationsmatten.

Werkzeug

Schwierigkeits-grad

| 0 | 1 | 2 | 3 |

Kraftaufwand

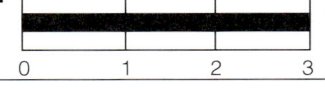

| 0 | 1 | 2 | 3 |

Arbeitszeit
Eine Person benötigt eine gute Stunde, um einen Quadratmeter zu begrünen.

Ersparnis
Sie haben eine Ersparnis von rund 50 DM pro Quadratmeter.

1

2

105

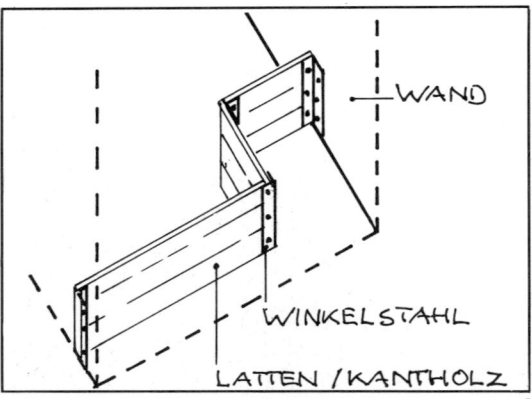

3

4

5

Historische Vorbilder für die sogenannten Grasdächer finden sich in niederschlagsreichen Gebieten, vornehmlich in Gebirgsregionen oder nördlichen Gefilden wie Skandinavien. Da in Mitteleuropa immer wieder niederschlagsarme Perioden auftreten, sind bei uns reine Grasdächer ungeeignet. Bei Wassermangel verbraunen diese Dächer nämlich völlig. Bei extremer Trockenheit können ganze Dachflächen absterben, wenn sie nicht bewässert werden. Verdörrte Grasdächer sehen nicht nur wenig attraktiv aus, sie sind auch in gewisser Weise brandgefährdet, so etwa durch Funkenflug. Wenn Sie sich trotzdem ein Grasdach wünschen, sollten Sie daher ein Dach mit einer Gras-Kräuter-Vegetation bauen. Reine Grasdächer sind nicht empfehlenswert. Insbesondere Sedum-Arten sind unerläßlich und sollten einen Anteil von 20 Prozent nicht unterschreiten. Für den Aufbau eines Gras-Kräuter-Dachs spielt in erster Linie die Dachneigung eine Rolle. Was aus vegetationstechnischer Sicht für andere Dachbegrünungen gilt, daß nämlich Dachneigungen von 1° bis 5° anzustreben sind, gilt auch für das Gras-Kräuter-Dach.

1.–2. Bei Dächern über 10° Neigung wird nicht nur der Wasserhaushalt problematisch. Es stellen sich auch Schubkräfte ein, die ein Abrutschen der Vegetationsschicht bewirken können. Um dies zu verhindern, müssen Schubsicherungen (z.B. Kanthölzer) eingebaut werden. Achten Sie deshalb bei einem Neubau neben der Statik des Dachs auch auf seine Neigung. Lassen Sie die Statik von einem Fachmann prüfen. Je nach Schichtdicke des Aufbaus summieren sich die Flächenlasten nämlich auf 200 bis 300 kg/m².

3. Wenn das zu begrünende Objekt eine Dachkonstruktion aus Holz besitzt, können Sie mit Kanthölzern (10 x 10 oder 14 x 16 cm) leicht eine Aufkantung.im Randbereich herstellen. Zu diesem Zweck schrauben Sie die Kanthölzer mittels Winkelverbindern an der Dachkonstruktion fest. Befestigen Sie die Kanthölzer alle 50 cm mit der Dachkonstruktion. Bei einer Dachlänge von mehr als fünf Meter verbinden Sie die Kanthölzer mit Flachverbindern. Benutzen Sie dazu eine Bohrmaschine mit Kreuzschlitzeinsatz und Messing-Spaxschrauben.

4. Sind Sie mit dieser Arbeit fertig, verlegen Sie eine Lage Vlies (200 bis 300 g/m²). Rollen Sie Bahn an Bahn mit einer Überlappung von 10 cm. Bei wenig geneigten Dächern können Sie quer zum Gefälle verlegen. Achten Sie dabei darauf, daß die näher zum First gelegene Bahn die darunterliegende überlappt und nicht umgekehrt. Ziehen Sie das Vlies am Dachrand hoch und sparen Sie die Stelle, an welcher der Gully sitzt, aus.

5. Anschließend verlegen Sie die wurzelfeste Abdichtung. Empfehlenswert ist es, die Folie als Ganzes beim Hersteller nach Maß fertigen zu lassen. Sie brauchen sie dann »nur« noch über das Dach zu stülpen.

6. Die Folie wird lose verlegt und nur am Dachrand befestigt. Zu diesem Zweck gibt es kunststoffbeschichtete Profilbleche, die an der Aufkantung festgeschraubt werden. Die Wurzelschutzfolie wird dann über die Verschraubung hinweggezogen und anschließend mit dem Blech verschweißt. Informieren Sie sich beim Folienhersteller genau darüber, welche Bleche Sie zusammen mit seiner Folie verwenden können und welche Schweißtechnik, ob quell- oder thermisches Verschweißen, in Frage kommt. Arbeiten Sie bei der wurzelfesten Abdichtung mit einem Fachmann zusammen.

7. An Dachabläufen verwenden Sie spezielle Einsätze, die mit der Wurzelschutzfolie verschweißt werden können. Für Dachdurchbrüche benötigen Sie spezielle, vom Folienhersteller gelieferte Manschetten, die mit der Folie verschweißt und am Durchbruch 15 cm über Substratoberkante mechanisch befestigt

6

7

8

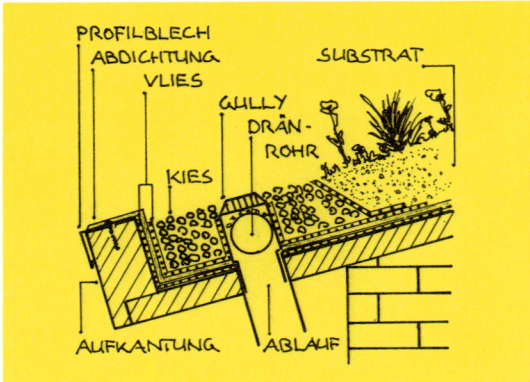

PROFILBLECH
ABDICHTUNG
VLIES
SUBSTRAT
GULLY
DRÄN-
ROHR
KIES
AUFKANTUNG
ABLAUF

9

10

11

werden.

8. Auf die Wurzelschutzfolie können Sie bei Bedarf noch eine zusätzliche Wärmedämmung aufbringen. Bei genutzten Gebäuden (z.B. Ferienhäuschen) kann dies durchaus vorteilhaft sein. Verwenden Sie am besten Polystyrol-Schaumplatten, die Sie im Bauhandel erhalten. Sie verlegen sie lose und dicht gestoßen. Mit einem stabilen Messer oder Fuchsschwanz lassen sie sich an Durchbrüchen leicht auf das passende Maß zurechtschneiden. Über die Dämmplatten legen Sie eine weitere Schicht Filtervlies.

Bei relativ flachen Dächern bis etwa 3° Neigung müssen Sie eine Dränschicht aufbringen, es sei denn, Sie arbeiten mit Substrat auf Blähtonbasis (einschichtige Bauweise). Wenn Sie allerdings beispielsweise bei einem Neubau bauseits vorhandenen Oberboden mit Blähton 1:1 gemischt auf das Dach bringen wollen, verlegen Sie noch eine Dränage aus Dränbahnen oder -matten. Dadurch sparen Sie Gewicht ein.

9. – 10. Bei größeren Dachneigungen können Sie sich eine zusätzliche Dränage sparen. Es ist allerdings günstig, entlang der Dachaufkantung ein flexibles Dränrohr (Durchmesser 80 mm) zu verlegen, das in den Gully mündet und so überschüssiges Niederschlagswasser abführt. Das Dränrohr wird mit einem Vliesstreifen abgedeckt und mit Kies der Körnung 16/32 angeschüttet. Je nach Höhe und Lage des Gebäudes bringen Sie Schüttbaustoffe wie Kies und Substrat mit Schrägaufzug oder Selbstlader auf das Dach. Bei kleinen niedrigen Dächern können Sie das Material auch über die Leiter in Eimern hochtragen.

11. Für die Vegetationsschicht wählen Sie entweder Blähton-Erdgemische oder mineralische Substrate. Je nach Dachfläche verwenden Sie am besten Sackware oder lose geschüttetes Substrat. Tragen Sie das Substrat gleichmäßig dick (10 bis 15 cm) auf und planieren Sie mit dem Rechen die Dachfläche. Für die Ansiedlung der

Vegetation gibt es unterschiedliche Methoden. Wenn Sie eine Kombination von Sprossenaussaat, Gräseransaat und Pflanzung wählen, streuen Sie zuerst Sprossen aus, dann säen Sie das fertig gemischte Saatgut gleichmäßig auf der Fläche aus. Rechen Sie das Saatgut und die Sprossen leicht unter das Substrat bzw. streuen Sie es mit der Schaufel ab. Walzen Sie nun die ganze Fläche ab. Nun können Sie die Stauden gleichmäßig über die Dachfläche verteilen und einpflanzen.

12. – 13. Wenn Sie ein schnelles Ergebnis wünschen, verwenden Sie am besten Vegetationsmatten. Für den Firstbereich und die Dachränder ist es scwieso empfehlenswert, auf die Vegetationsmatten zurückzugreifen, ebenso bei steileren Dächern. Bevor Sie Vegetationsmatten verlegen, feuchten Sie das planierte Substrat gut an. Heben Sie dann die Bahnen oder Matten mit einem Selbstlader palettenweise auf das Dach und verlegen Sie sie Reihe an Reihe. Bei kleineren oder steileren Satteldächern ist es sinnvoll, längere Bahnen über den First parallel zur Dachneigung abzurollen. Sie verhindern auf diese Weise Ihr Verrutschen. Ansonsten werden die Vegetationsmatten dicht gestoßen, etwaige Ritzen mit etwas Substrat angefüllt, dann gut festgetreten bzw. abgewalzt und schließlich bis zur Wassersättigung gewässert. Bei Pflanzung von Stauden und Gräsern verteilen Sie die Pflanzen gleichmäßig über die Dachfläche (15 bis 20 Stück/m²) und pflanzen sie mit einer stumpfen Pflanzschaufel oder den Händen ein. Achten Sie darauf, daß Sie genügend Sedum-Arten auf das Dach aufbringen. Verwenden Sie auch nur Vegetationsmatten mit einem Sedum-Anteil von 20 bis 30 Prozent. Diese Pflanzen erhalten die Funktionsfähigkeit des Dachs auch dann noch, wenn Gräser und Kräuter bei längerer Trockenheit dürr werden.

14. Hier sehen Sie eine halbfertige Begrünung mit Vegetationsmatten.

12

13

14

Gestaltung begehbarer Dachterrassen

Material
Holzrost, Holzpaneele, Kanthölzer, Nägel, Schrauben, Kies, Latten, Winkelstahl, Dübel, Folie, Blähton, Substrat, Lochplatten, Pflanzer.

Werkzeug

Schwierigkeits-grad

0	1	2	3

Kraftaufwand

0	1	2	3

Arbeitszeit
Zum Bau der Holzdecke benötigen Sie rund eine Stunde pro Quadratmeter, zum Setzen der Mauerscheiben etwa eine halbe Stunde pro Meter.

Ersparnis
Eigenbau der Holzdecke erspart etwa 50 DM pro Quadratmeter, der Mauerscheiben rund 25 DM pro Meter.

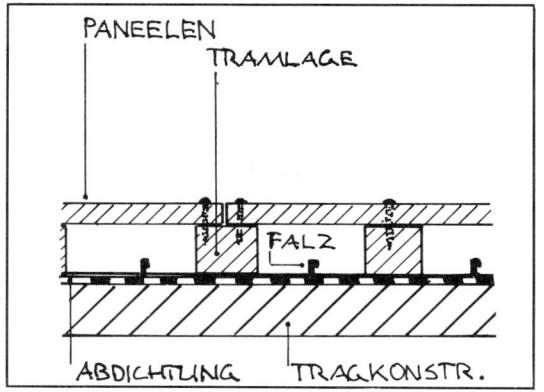

PANEELEN
TRAMLAGE
FALZ
ABDICHTUNG   TRAGKONSTR.

1

2

3

4

5

6

Dachterrassen können auf vielfältige Art und Weise gestaltet werden. Je nachdem, ob es sich um einen Alt- oder Neubau handelt, wie die Dachabdichtung ausgeführt wurde, ob bereits Aufbauten und welche finanziellen Mittel und Nutzungsabsichten vorhanden sind, bieten sich verschiedene Lösungen an.

Bei **Altbauten** finden sich häufig Blechdächer, die früher zum Trocknen der Wäsche genutzt wurden. Mit relativ wenig Aufwand lassen sich je nach Statik solche Dächer in kleine Oasen verwandeln. Muß das Dach aus Altersgründen saniert werden, können Sie eine Begrünung von vornherein berücksichtigen und dementsprechend den technischen Aufbau wählen.

Wegen der großen Aufheizung von Blechdächern bei Sonneneinstrahlung muß zuerst dagegen eine Lösung gefunden werden. Mit vorgefertigten Holzrosten oder einer selbstgebauten Holzterrasse ist dies verhältnismäßig einfach. Als »Vegetationsflächen« verwendet man dann am besten selbstgebaute Tröge aus Holz, Terrakotten oder andere Pflanzgefäße, die auf dem Markt erhältlich sind. Achten Sie beim Kauf solcher Pflanzgefäße auf ihre Frostbeständigkeit.

1. Zum Bau einer Holzterrasse benötigen Sie Kanthölzer für die Unterkonstruktion (Tramlage) und Paneele für die Belagsfläche. Je nach Falzhöhe des Blechdaches wählen Sie Kanthölzer in der Stärke 10 x 10 oder 6 x 8 cm. Achten Sie darauf, daß die Kanthölzer der Tramlage parallel und nicht quer zur Gefällerichtung des Dachs eingebaut werden. Nur so ist sichergestellt, daß anfallendes Niederschlagswasser zügig läuft.

2. Auf das meist relativ ebene Blechdach verlegen Sie nun die Kanthölzer der Tramlage. Der Abstand der einzelnen Hölzer richtet sich dabei nach der Stärke der Paneele. Bei Paneelen von 5 cm Dicke können Sie getrost einen Abstand von 1 m lassen. Wenn Sie vorgefertigte Holzroste verlegen, müssen Sie die Kanthölzer so verlegen, daß die Roste jeweils mittig darauf stoßen. Die Kanthölzer der Tramlage richten Sie nach einer Höhenschnur aus. Legen Sie die beiden äußeren Kanthölzer höhenmäßig fest. Gehen Sie dabei von Fixhöhen, beispielsweise von Türen aus. Spannen Sie dann jeweils eine Schnur am oberen und unteren

Arbeitsanleitungen

Kantholzende sowie in der Mitte. Befestigen Sie die Schnur mit Hilfe von Nägeln. Anschließend richten Sie die einzelnen Kanthölzer mit Hilfe von Holzkeilen aus, bis sie alle gleich zur Schnur liegen.

3. Schrauben Sie nun die Paneele fest. Beginnen Sie an der Hauswand. Lassen Sie einen Abstand von etwa 5 cm und verfüllen diesen später mit etwas Kies (16/32). Schmelzwasser kann dadurch am Haus schneller abfließen. Sägen Sie das erste Brett mit der Handkreissäge auf Länge und befestigen Sie es auf jedem Kantholz mit je zwei Schrauben.

4. Bohren Sie die Löcher mit Bohrmaschine und Holzbohrer vor, verschrauben Sie dann Paneele und Kantholz mit Messingholzschrauben mit Halbrundkopf. Verwenden Sie dazu einen Schraubenziehereinsatz für die Bohrmaschine. Wenn Sie feuchte Paneele verarbeiten, können Sie sie dicht stoßen. Bei trockenem Holz sollten Sie etwa 5 mm Platz lassen.

Spannen Sie mittig auf den Kanthölzern eine Schnur, um die Schrauben exakt ausrichten zu können. Drehen Sie die Schrauben nicht zu tief, weil sonst das Holz aufreißt, und entfernen Sie mit der Metallfeile eventuell entstandene Grate an den Schrauben.

5. Sichtbare Belagskanten schneiden Sie mit der Handkreissäge entlang einer angelegten Setzlatte exakt ab.

6. Für die Möblierung einer solchen Terrasse findet sich im Handel eine große Auswahl an Bänken, Stühlen und Tischen. Auch Pflanzkübel, Terrakotten und andere Pflanzgefäße gibt es in unterschiedlichen Formen und Größen. Holztröge aus Brettern können Sie, wie in der Arbeitsanleitung für Balkonbegrünung beschrieben, leicht selbst bauen (vgl. S. 82).

7. Bei **Neubauten** können Sie vom (Landschafts-)Architekten bereits einen auf die Nutzungs- und Gestaltungsabsichten abgestimmten Dachaufbau planen lassen. Für feste Terrassenbeläge (Platten) ist es dabei immer von Vorteil, wenn ausreichende Stabilität des Untergrunds vorhanden ist, da einzelne Platten sonst womöglich wackeln. Berücksichtigen Sie dies insbesondere bei der Planung und Ausführung der Dränschicht.

8. Verwenden Sie für Terrassen mit Plattenbelägen

7

8

9

10

11

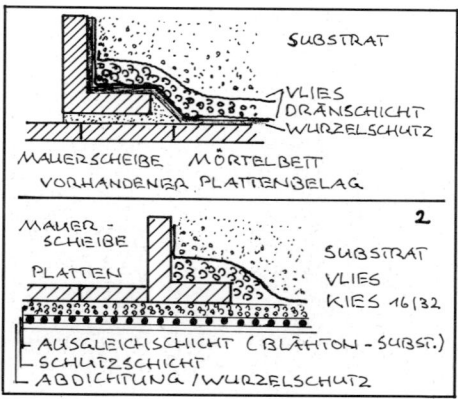

SUBSTRAT

VLIES
DRÄNSCHICHT
WURZELSCHUTZ

MAUERSCHEIBE   MÖRTELBETT
VORHANDENER PLATTENBELAG

2

MAUER-
SCHEIBE

PLATTEN

SUBSTRAT
VLIES
KIES 16/32

AUSGLEICHSCHICHT (BLÄHTON - SUBST.)
SCHUTZSCHICHT
ABDICHTUNG /WURZELSCHUTZ

12

deshalb stabile Dränbaustoffe wie Dränelemente oder gebrochene Schüttbaustoffe auf Blähtonbasis. Auf jeden Fall sollten Sie unter die Dränschicht ein starkes Vlies (300 g/m²) legen, um die Druckbelastung etwas auszugleichen. Bei Verwendung von Dränelementen müssen Sie diese zuerst mit einem vom Hersteller mitgelieferten Material auffüllen. Dann legen Sie ein Vlies (200 g/m²) darüber und beginnen anschließend mit dem Einbau der Ausgleichsschicht (am besten Lavasplitt oder gebrochener Blähton).

9. Ausgehend von Fixhöhen wie Terrassentüren oder Dachrandanschlüssen der Abdichtung legen Sie mit Hilfe einzelner Platten die Höhen- und Eckpunkte fest. Verlegen Sie die Platten dann wie im Grundkurs beschrieben (vgl. S. 68f). Bei der Auswahl des Belagsmaterials sollten Sie immer auf die benachbarten Materialien und deren Farbgebung achten. Mischen Sie nicht zu viele Baustoffe, nutzen Sie aber die Kombinationsmöglichkeiten, die sich für die Materialien von Belag und Beeteinfassungen ergeben (z.B. Naturstein/Holz, Beton-/Naturstein, Klinker/Holz).

10. – 12. Eine relativ preisgünstige Variante zur Einfassung von Pflanzbeeten bieten sogenannte Mauerscheiben aus Beton. Es handelt sich dabei um vorgefertigte Elemente unterschiedlicher Baubreite und -höhe (wie 40 x 50 cm), die direkt auf die Dränage gebaut werden können. Gut geeignet sind sie zur Pflanzbeeteinfassung entlang einer umlaufenden Brüstungsmauer, wenn die Abdichtung nicht weit genug hochgezogen wurde oder wenig Platz zum Anböschen des Pflanzbeets vorhanden ist.

13. Zum Setzen von Mauerscheiben sollten Sie immer zu zweit sein. Bevor Sie damit beginnen können, müssen Sie eine ebene Fläche (Planie) herstellen. Am einfachsten geht dies, wenn Sie eine Fläche, die etwas breiter als die Einbautiefe der Mauerscheiben ist, mit Rohren und Latte abziehen (vgl. S. 69). Als Ausgleichsschicht verwenden Sie dazu das vorhandene Dränmaterial oder bringen extra Material (wie Lavasplitt) aufs Dach. Wenn eine Belagsfläche an die Beeteinfassung anschließt, sollten Sie darauf achten, daß die Unterkante der Mauerscheiben 1 bis 2 cm eingebunden ist, also von der Belagsoberkante überdeckt wird. Bauen Sie in die Planie ein leichtes Gefälle (1 %) zum Pflanzbeet ein, so daß die Mauerscheiben etwas geneigt zum Pflanzbeet stehen und besser halten.

Ist die Planie vorbereitet, setzen Sie an jede Beetecke einen speziellen Eckstein und spannen dann an der Vorderseite eine Schnur, die Ihnen das gerade Ausrichten der Elemente in einer Linie ermöglicht. Setzen Sie nun Mauerscheibe an Mauerscheibe. Achten Sie darauf, daß Sie die Fugen so dicht wie möglich stoßen. Kippt eine Mauerscheibe, müssen Sie sie mit etwas Ausgleichsmaterial unterfüttern. Kontrollieren Sie dann, ob sie exakt zur Schnur ausgerichtet ist und überprüfen Sie die Neigung mit der Wasserwaage. Wenn Sie einige Steine gesetzt haben, kontrollieren Sie die Höhe mit der Setzlatte. Füllen Sie nun etwa 20 cm Kies auf den Schenkel der Auflagefläche kleiden Sie das Beet mit Vlies aus und füllen Sie mit Substrat auf.

14. – 15. Ist das Pflanzbeet groß genug, können Sie auch größere Gehölze in die Pflanzung einbringen. Bei windexponierter Lage ist es wichtig, Gehölze ab etwa 150 bis 200 cm Größe zu schützen. Am besten gelingt dies mit einer Dreipunktverankerung. Die Gehölze werden dazu mit kunststoffummantelten Draht- oder Kunststoffseilen (Durchmesser 4 mm) an drei Punkten befestigt. Diese Punkte können Sie entweder entlang der Beetkante mit Hilfe von Ringschrauben anbringen oder an drei Betonplatten (40 x 40 x 8 cm), die Sie gleichmäßig mindestens 50 cm tief um den Strauch verteilt eingraben. Bohren Sie an den vorgesehenen Punkten mit der Bohrmaschine Löcher, stecken Messingdübel in die Bohrungen und drehen Sie Ringschrauben (Durchmesser 5 mm) hinein.

Befestigen Sie die Seile mit Seilklemmen an den Ringschrauben. Führen Sie dann die Seile an den Haupttrieb des Strauchs. Schützen Sie dabei die Rinde des Strauchs, indem Sie ein Stück Schlauch über die Seile ziehen und darauf achten, daß die Schlauchstücke überall am Trieb anliegen. Verbinden Sie die Seilschlaufe mit Seilklemmen mit dem restlichen Seil, spannen Sie mit den Händen und ziehen Sie die Seilklemmen mit einem Schraubenzieher gut an.

13

ANORDNUNG DER VERANKERUNGEN

DRAHTSEIL MIT SPANN SCHLOSS

RINGSCHRAUBE
MESSINGDÜBEL
BETONPLATTE

14

15

1

2

Pflege von Dach-begrünungen

Material
Dünger, Reisig, Schnur, Plastiksäcke.

Werkzeug

Schwierigkeits-grad

| | 0 | 1 | 2 | 3 |

Kraftaufwand

| | 0 | 1 | 2 | 3 |

Arbeitszeit
Eine Person kann in rund einer Stunde etwa 20 Quadratmeter pflegen.

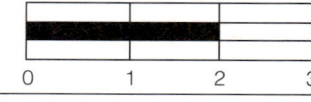

Ersparnis
Bei einer 20 Quadratmeter großen Fläche sparen Sie bis zu 50 DM.

Grundsätzlich gilt, daß der Pflegeaufwand einer intensiven Dachbegrünung höher ist als der einer Extensivbegrünung. Intensive Begrünungen ähneln in ihrem Pflegebedürfnis normalen Gärten.

Schnitt

1. – 2. Sträucher müssen von Zeit zu Zeit geschnitten werden. Ältere Triebe, zu erkennen an ihrem dunkleren Holz, werden dicht über dem Boden entfernt, kleinere Zweige dicht am Haupttrieb. Das gleiche gilt für Totholz oder nach innen wachsende Triebe. Bei Blütensträuchern, die an zweijährigem Holz blühen (z.B. Forsythie), dürfen die letztjährigen Triebe nicht entfernt werden, da ansonsten die Blüte im folgenden Jahr ausfällt. Achten Sie beim Schneiden von Gehölzen auf die Proportionen. Die beste Zeit für den Gehölzschnitt sind Winter und zeitiges Frühjahr.

Stauden brauchen nur geschnitten zu werden, wenn Sie Samenstände und abgestorbene Pflanzenteile im Frühjahr nicht stehen lassen wollen.

Mahd

Gras-Kräuter-Dächer sollten Sie gelegentlich mähen. Der Spätsommer nach der Samenreife ist dazu der richtige Zeitpunkt. Bedenken Sie dabei, daß das Wachstum von der Düngung und dem Bewässern abhängig ist und daß ein Mehr dort auch ein Mehr an Mäharbeit bedeutet. Verwenden Sie zum Mähen bei kleineren Flächen Sichel oder Sense, bei größeren einen Rasenmäher. Es ist wichtig, daß Sie das Mähgut zusammenrechen und entfernen, da sich sonst durch den Verrottungsprozeß Nährstoffe anreichern würden.

Unkraut, Gehölzsämlinge entfernen

3. Entfernen Sie Wildaufwuchs von Gehölzen, indem Sie diese einfach mit den Händen herausziehen. Jäten Sie aber auch konkurrenzstarke Wildstauden wie Disteln, Kamille und insbesondere Klee.

4. – 5. Dachabläufe und Kiesstreifen

Dachabläufe müssen Sie regelmäßig, am besten zweimal pro Jahr, überprüfen. Entfernen Sie verrottende Pflanzenteile, Unrat und Kalkablagerungen. Spülen Sie mit dem Wasserschlauch gut durch.

Düngung

Kübelpflanzen und Trogbepflanzungen benötigen

3

4

5

6

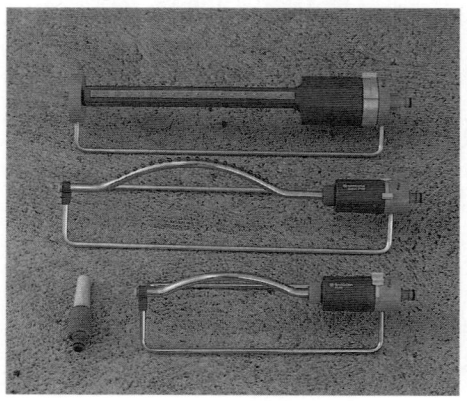

7

regelmäßige Düngung. Das Einarbeiten von Kompost oder organischem Dünger ist meist nur schlecht möglich. Verwenden Sie daher chloridarme Flüssigdünger, am besten solche, die Depotwirkung besitzen und die Nährstoffe nur langsam abgeben. Beachten Sie die Packungshinweise genauestens und verwenden Sie im Zweifelsfall eher weniger Dünger als zuviel. Vermischen Sie den Dünger mit der angegebenen Menge Wasser und bringen Sie ihn mit einer Gieskanne oder einer Rückenspritze aus. Extensive Begrünungen benötigen meist keine Düngung. Sie erhalten die erforderlichen Nährstoffe durch die natürliche Umsetzung abgestorbener Pflanzenteile. Bei Verwendung besonders nährstoffarmer Substrate sollte 1 bis 2 mal jährlich eine Düngung vorgenommen werden. Verwenden Sie auch hier chloridarme Flüssigdünger, da diese genaue Dosierung am ehesten ermöglichen. Beachten Sie die Packungshinweise. Zu starke Düngung bewirkt mastigen Pflanzenwuchs und reduziert die Widerstandskraft der Pflanzen.

Wässern

6. – 7. Das Wässern der Dachfläche ist besonders bei intensiven Begrünungen wesentlich. Verwenden Sie dazu stabile Plastikschläuche mit Spritzdüsen oder Rechteckregner. Bei einer extensiven Begrünung, bei der die Pflanzen dem Extremstandort Dach relativ gut angepaßt sind, kann hingegen nach dem Anwachsen (meist eine Vegetationsperiode) auf eine Bewässerung verzichtet werden. Dies fördert die Anpassung der Pflanze an den Standort und erhöht ihre Widerstandskraft. Bei langen Trockenperioden sollten Sie jedoch wässern, bevor der Wassermangel lebensbedrohend wird.

Winterschutz, Pflanzenschutz

Empfindliche Gehölze sollten auf dem Dach keine Verwendung finden. Wollen Sie aber eine Kletterrose ziehen, sollten Sie den Winterschutz nicht vergessen. Packen Sie die Pflanze mit Reisigbündeln ein und verschnüren Sie sie gut. Dasselbe gilt für empfindliche Gräser. Auf chemischen Pflanzenschutz sollten Sie verzichten und Pflanzenarten, die für Krankheiten anfällig sind, auf Dächern nicht verwenden.